"供电+能效服务"业务指导书

国网浙江省电力有限公司 ◎ 编著

"GONGDIAN+NENGXIAO FUWU"
YEWU ZHIDAOSHU

企业管理出版社

图书在版编目（CIP）数据

"供电+能效服务"业务指导书 / 国网浙江省电力有限公司编著. -- 北京：企业管理出版社，2024.10

ISBN 978-7-5164-2932-7

Ⅰ.①供… Ⅱ.①国… Ⅲ.①供电–服务市场–中国 Ⅳ.①F426.61

中国国家版本馆CIP数据核字(2023)第186446号

书　名：	"供电+能效服务"业务指导书
书　号：	ISBN 978-7-5164-2932-7
作　者：	国网浙江省电力有限公司
责任编辑：	蒋舒娟
出版发行：	企业管理出版社
经　销：	新华书店
地　址：	北京市海淀区紫竹院南路17号　邮　编：100048
网　址：	http://www.emph.cn　电子信箱：26814134@qq.com
电　话：	编辑部（010）68701661　发行部（010）68417763　（010）68414644
印　刷：	北京亿友数字印刷有限公司
版　次：	2024年10月 第1版
印　次：	2024年10月 第1次印刷
规　格：	700毫米×1000毫米　1/16
印　张：	12印张
字　数：	211千字
定　价：	78.00元

版权所有　翻印必究　·　印装有误　负责调换

编委会

主　　任：杨玉强
副 主 任：何文其　　裘华东　　沈百强　　王辉东
委　　员：林朝华　　吕洪坤　　陆春光　　徐志强　　董绍光
　　　　　胡　海　　黄　剑　　杨玉锐

编写组

主　　编：李　磊
副 主 编：李亦龙　　芦鹏飞
参编人员：张军达　　郑骏玲　　韩高岩　　国旭涛　　杨建立
　　　　　赵　帆　　陈小飙　　王佳颖　　陈　盼　　杜伊倩
　　　　　洪旭洋

前 言

2020年，我国提出"双碳"目标，节能降耗和能效提升成为全球公认的"第一能源"，是加强能源安全、实现经济脱碳和促进高质量发展的重要路径。国网浙江省电力有限公司作为浙江省能源领域的核心企业，锚定"双碳"目标，聚焦能源消费革命，加快构建以新能源为主体的新型电力系统，构建清洁低碳安全高效的能源体系，发挥电网平台优势，以供电服务为基础，以电为中心，积极实施从"供电服务"向"供电＋能效服务"的延伸拓展，聚焦客户用能优化，针对公司经营区内用电客户全面开展能效公共服务。

为提升一线工作人员能效服务能力，提高能效服务质量，国网浙江省电力有限公司组织编写《"供电＋能效服务"业务指导书》。本书结合我国各行业各领域能效水平和节能改造现状，总结前期能效服务现场工作经验，形成"供电＋能效服务"概述、能源管理体系、工业通用能源系统能效提升、建筑物能效提升技术应用及典型案例、分布式光伏发电系统应用及典型案例、储能系统技术应用及典型案例、绿电应用及典型案例、能效诊断服务平台等八个章节。本书适用于培训教学、员工自学、资源开发等。

限于编写人员专业涵盖面所限，书中难免存在疏漏之处，望广大读者批评指正。

编　者

二〇二四年六月

目 录

1 "供电 + 能效服务"概述 1
　1.1 "供电 + 能效服务"业务简介 2
　1.2 "供电 + 能效服务"战略定位 3
　1.3 "供电 + 能效服务"业务定义 3
　1.4 "供电 + 能效服务"建设目标 4

2 能源管理体系 5
　2.1 能源管理简介 6
　2.2 能效管理措施 7

3 工业通用能源系统能效提升 11
　3.1 泵系统能效诊断措施及典型案例 12
　3.2 风机系统能效诊断措施及典型案例 34
　3.3 压缩空气系统能效诊断措施及典型案例 58
　3.4 配电系统能效诊断 93

4 建筑物能效提升技术应用及典型案例 97
　4.1 公共建筑分类及特点 98
　4.2 新建建筑能效提升措施 103
　4.3 典型案例 114

5 分布式光伏发电系统应用及典型案例 119
　5.1 分布式光伏发电基础知识介绍 120
　5.2 分布式光伏应用场景分类及特点 122
　5.3 分布式光伏安装环境与支架选择 124
　5.4 分布式光伏项目效益测算 130

5.5 浙江分布式光伏的数智化运营 134
　　5.6 典型案例 136

6 储能系统技术应用及典型案例 139
　　6.1 储能基础知识介绍 140
　　6.2 储能分类 141
　　6.3 电化学储能管理系统 149
　　6.4 电化学储能运行管理 158
　　6.5 电化学储能系统应用案例 161

7 绿电应用及典型案例 167
　　7.1 绿电交易业务介绍 168
　　7.2 绿电交易发展历程 169
　　7.3 绿电交易方案介绍 170
　　7.4 绿电交易需求方 172
　　7.5 绿电交易案例 174

8 能效诊断服务平台 175
　　8.1 能效诊断服务平台简介 176
　　8.2 能效诊断服务平台功能介绍 176
　　8.3 能效诊断流程介绍 182

"供电+能效服务"概述

1.1 "供电+能效服务"业务简介

1.1.1 "供电+能效服务"实施背景

为落实国家能源革命与"2030年前碳达峰、2060年前碳中和"的要求，推进国家电网有限公司（下文简称"公司"）的战略在客户侧有效落地，聚焦优化营商环境要求，公司积极实施"供电服务"向"供电+能效服务"延伸拓展，聚焦客户用能优化，以提升客户能效为切入点，统筹开展电能替代、综合能源服务和需求响应，推动公司经营效益提升，促进清洁能源开发利用，进一步优化服务举措、完善服务机制、健全服务体系，实现全社会能效水平的提高，助力优化电力营商环境。

1.1.2 服务全社会能效提升使命重大

党的二十大报告指出要"加快发展方式绿色转型""实施全面节约战略，推进各类资源节约集约利用，加快构建废弃物循环利用体系""发展绿色低碳产业，健全资源环境要素市场化配置体系，加快节能降碳先进技术研发和推广应用，倡导绿色消费，推动形成绿色低碳的生产方式和生活方式"。公司服务全社会能效提升，开展分行业、分类别的节能降碳工作，充分挖掘能源的综合利用价值，有力推动地方经济社会绿色化、低碳化发展。

1.1.3 客户侧能源消费方式需要转变

电力市场改革碳排放交易扩面、用能预算化管理的深入推进，推动"能耗双控"向"碳排放双控"转变、单一能源消费向综合能源利用转变。与此同时，俄乌冲突等国际形势导致能源成本持续高位，客户迫切需要通过精细用能管理来降低能源消费总量，形成"降量比降价更加重要、降量比降价更可持续"的社会共识。

1.1.4 公司能效服务能力仍需提升

经过近几年的努力，公司已基本构建了能效服务业务体系、组织体系和技术体系，初步实现了供电服务向"供电+能效服务"的有效延伸，但是在能效业务深度和广度、人才梯度建设、数智化赋能等方面仍有待完善，需要持续总结提炼、发力提升。

1.2 "供电+能效服务"战略定位

1.2.1 能效服务是公司支撑国家能源战略,服务地方经济社会发展的担当履职。

"2030 年前碳达峰、2060 年前碳中和"目标的提出,将推动各级政府加快能源转型步伐。公司作为国有特大型能源央企,要发挥电网平台优势,聚焦能源消费环节,开展能效服务帮助客户减少用能消耗和提升用能水平,这是支撑政府能源管理、助力全社会能效水平提升的重要举措。

1.2.2 开展能效服务是公司满足客户降低用能成本,实施供给侧改革的重要措施

随着我国经济发展进入新常态,客户降本增效需求日趋强烈。客户希望综合利用分布式能源、储能等新元素,以及"大云物移智链"等数字化信息技术,提升用能体验,达到经济、环保、舒适等多元化用能目标。针对客户需求,公司亟须提供更具经济性、智慧化的用能解决方案。

1.2.3 开展能效服务是公司助推新型电力系统建设,助推能源低碳发展转型的举措。

新型电力系统是以确保能源电力安全为基本前提,以满足经济社会高质量发展的电力需求为首要目标,以高比例新能源供给消纳体系建设为主线任务,以源网荷储多向协同、灵活互动为有力支撑,以技术创新和体制机制创新为基础保障的新时代电力系统,是新型能源体系的重要组成部分和实现"双碳"目标的关键载体。随着新型电力系统建设工作的逐步推进,公司开展能效服务是提升客户综合能效水平、提升网荷互动能力、缓解电网峰谷平衡的有效举措,能够全面推动全社会能源低碳高质量发展。

1.3 "供电+能效服务"业务定义

"供电+能效服务"是以供电服务为基础,以电为中心,聚焦客户用能优化,通过电能替代推进终端用能电气化，开展综合能源服务提升全社会能效水平，实施需求响应实现源网荷储友好协同互动，具有经济高效、资源综合利用、提高电网供电能力等特征的能源服务。其包括能效公共服务和能效市场化服务两部分。

能效公共服务主要依托客户经理，通过线下现场服务和线上精准推送等方式开展，通过挖掘客户深层次用能需求，引导客户按需选择能效市场服务，具体包括电能监测、能效诊断、能效咨询、交易撮合等业务。

能效市场化服务主要依托市场化单位开展，通过市场化手段，为客户提供规划设计、工程实施、系统集成、运营维护等服务，具体包括电能替代、综合能源服务、需求响应等业务。

1.4 "供电＋能效服务"建设目标

落实政府及公司关于"双碳"目标工作的部署，秉承"能效是第一能源""节约用电助力"的理念，以公共能效服务为主战场，全力开展重点领域、重点行业、重点环节标准化服务模式建设，着力打造高质量能源数字化平台和专业化能效团队，服务客户"电"尽其用，引领全社会从"减能"向"节能"、从"控能"向"控碳"转变，显著提升全社会能效水平。

能源管理体系 2

2.1 能源管理简介

2.1.1 能源管理体系的含义

能源管理体系是对能源生产、分配、转换和消耗的全过程进行科学的计划、组织、检查、控制和监督工作的总称。能源管理体系包括制定正确的能源开发和节能政策，加强能源设备管理，提高能源利用率，建立健全能源管理制度，树立节能意识，加强对能源消耗的计量监督、标准监督和统计监督等。

能源管理体系是从企业运行全过程出发，按照现代科学管理理念，针对能源管理在组织内建立一个完整、有效的体系，通过合理目标的制定、全过程的控制、节能减排结果的确认、持续的改进优化等方式帮助企业达成能源管理目标。

2.1.2 能源管理体系的发展历程

能源管理的概念起源于20世纪70年代，当人们开始关注能源危机和环境问题时，一系列能源管理体系标准和指南逐步完善和推广，其中最具影响力的是国际标准ISO 50001，随后其他各类标准文件相继推出。

2008年8月，为推动能源管理体系标准的制定，国际标准化组织（International Organization for Standardization，ISO）成立ISO/PC242-能源管理体系项目委员会，由美国和巴西承担秘书处工作。

2008年，我国引入能源管理体系概念，并转化为GB/T 23331—2009，国家认证认可监督管理委员会发布了《关于开展能源管理体系认证试点工作的通知》，鼓励先在钢铁、有色金属、煤炭、电力、化工、建材、造纸、轻工、纺织、机械制造等重点行业开展能源管理体系认证、试点。

2020年11月，GB/T 23331—2020《能源管理体系 要求及使用指南》国家标准发布，并于2021年6月1日正式实施，内容适用于各类企业，属于企业建立能源管理体系的通用要求。

2020年8月，在第七十五届联合国大会一般性辩论上，国家主席习近平宣布"中国将提高国家自主贡献力度，采取更加有力的政策和措施，二氧化碳排放力争于2030年前达到峰值，努力争取2060年前实现碳中和"。

2.1.3 能源管理体系的作用和意义

能源管理体系的建立对企业而言具有重要意义，特别是在当下能源政策压紧、用能成本激增的背景下，建立能源管理体系可帮助企业实现节能、减排和降低能源成本，完成各类节能指标，树立良好的社会责任形象。总体来看，建立能源管理体系的作用如下所述。

第一，实现降本增效。企业能源管理的首要目的在于节约能源，降低用能成本。通过制订能源消耗计划、降低不必要的能源浪费、引导员工合理使用能源等方式，企业可以大幅减少能源消耗，这不仅可以降低企业的生产成本，还可以促进全社会节能减排，保护环境。

第二，提高产品竞争力。较低的能耗可以帮助企业减少能源成本，提高同行业中产品价格竞争力，在消费者日益关注企业社会责任和环境保护的情况下，优秀的能源管理也会帮助企业树立良好的品牌形象。

第三，履行社会责任。企业作为社会的一员，有着必须履行的社会责任。做好企业能源管理，优化资源配置、减少环境污染、提高产品质量和生产效率，是企业履行社会责任的重要方面之一。

第四，推动可持续发展。企业能源管理的最终目的在于推动可持续发展，企业通过节约能源、减少排放、优化生产流程等方式，实现经济效益和环保效益的双赢，为未来的可持续发展奠定坚实基础。

2.2 能效管理措施

用能企业通过建立内部能源管理体系，可以推进企业节能降碳，降低用能成本，建立健全能源管理体系，保障体系运行。具体能效管理措施包括以下内容。

2.2.1 建设组织体系

用能企业建立完整的能源管理组织体系是企业用能管理目标实现的重要保障，组织体系的建设如下所述。

第一，加强组织领导。转变能源管理思想观念，为实行全面节能打好基础。

第二，成立节能管理委员会。确定年度能源计划、节能目标，组织开展节能技术进步措施的应用，实行能源消耗定额、节能奖惩办法的执行和监督，组织开展节能宣传、节能培训等。

第三，建设节能管理网络体系。建立能源管理职能部门、各部门科室、职工三级节能管理网络体系，实行垂直管理，层层负责，明确岗位职责与要求。

第四，建立专业能源管理队伍。企业设立专门能源管理岗位，组织专业队伍，责任到人，按需组织专业技能和理论培训。

2.2.2 完善管理制度

企业能源管理制度应包括但不限于能源采购和审批管理制度、能源转换管理制度、能源财务管理制度、能源生产管理制度、能源输送管理制度、能源计量器具管理制度、能源统计分析制度、能源消耗定额管理制度、能源检查和评价管理制度、节能技术措施管理制度、节能目标责任制度等。

建立健全企业能源管理制度，可以规范节能行为，形成节能的自律机制，有利于节能目标分解落实和考核，有利于企业内能源节约和综合利用工作准确地贯彻落实。以制度化方式，实施企业能源审计、内部审核、管理评审、自我评价等措施，将节能减排工作提升至企业的战略高度。

2.2.3 强化考核评价

强化考核评价是促进企业能源管理水平提升的重要动力，考核评价应是在科学、客观的基础上，落实对人员、工艺、设备、目标的全方位能效提升效益体现。

人员评价考核：明确工作任务和要求，分解指标，责任到人，采取"节奖超罚"等措施，全面促进节约工作的开展。

工艺能效评价：按照自身工艺设备的特点，比较理论与实践，设立相关的能效考核指标，考核工艺设备段能源利用效率，找出影响能效的主要因素，提出改进方案。

设备能效评价：对照国家相关标准，通过现场测试或在线监测，对比能效限额标准，考核实际运行效率是否达到经济运行状态，查找设备未达到经济运行状态的具体原因，提出改进措施。

目标责任考核：根据节能主管部门下达的年度节能考核指标和减碳考核指标制订年度考核计划，分解落实任务，按月度检查任务完成情况，根据完成进度提出报告，落实下一阶段工作任务与措施，年度总结总评考核。

2.2.4 提升数智水平

搭建企业能源管理系统，是提升企业在能效管理方面数字化、智能化水平的有效途径，能源管理系统在帮助企业扩大生产的同时，帮助企业利用信息数字化系统做到合理计划和利用能源，合理布局能源设施配置和运用管控功能，显著提高设施与能源利用效率并降低成本。

企业级能源管理系统应当包括实时监测、安全控制、内控管理、数据分析等功能。

实时监测。能源管理系统基于IoT物联技术，与企业SCADA系统数据集成交互，发挥企业侧生产数据、能源数据等实时监测功能，帮助企业掌握用能动态。

安全控制。能源管理系统具有平台记录及恢复功能，具备双向加密传输、白名单识别认证、网络防火墙等基础安全功能。平台底层终端设备应具有控制功能，支持与管控中心通信，可按照平台设定的固定策略定时执行控制指令，可实时接收平台控制命令并下发执行。

内控管理。能源管理系统可通过统一管理平台，实现远程可视化管理，涵盖设备管理、运行、维护、升级等。实现企业内部能耗总量、强度管理，支撑企业内部能管业务全流程线上管控。

数据分析。提供海量能源数据的存储、清洗和分析功能，完成异常数据的清洗加工，提供各类数据分析报表，为企业经营管理者做出决策提供帮助。

工业通用能源系统能效提升

工业用能是工业部门在生产过程中所使用的能源，包括电力、燃料等。工业能源消耗总量巨大，约占全国总能源消耗的70%，其用能水平受发展情况、产业结构以及能源价格等因素影响。工业常用的通用能源系统包括压缩空气系统、风机系统和泵系统等，这些系统在工业生产中扮演着重要的角色，对通用能源系统开展能效诊断并推动工业节能和能效提升具有重要意义。

3.1 泵系统能效诊断措施及典型案例

3.1.1 基础知识介绍

3.1.1.1 泵系统组成

（1）基本概念

泵是输送液体或使液体增压的机械，其将原动机的机械能或其他外部能量传送给液体，在管路循环系统中主要提供动力。泵系统除泵组外，还包括输入管网及附属设备、输送管网及附属设备等。泵组与泵系统边界示意如图3-1所示。

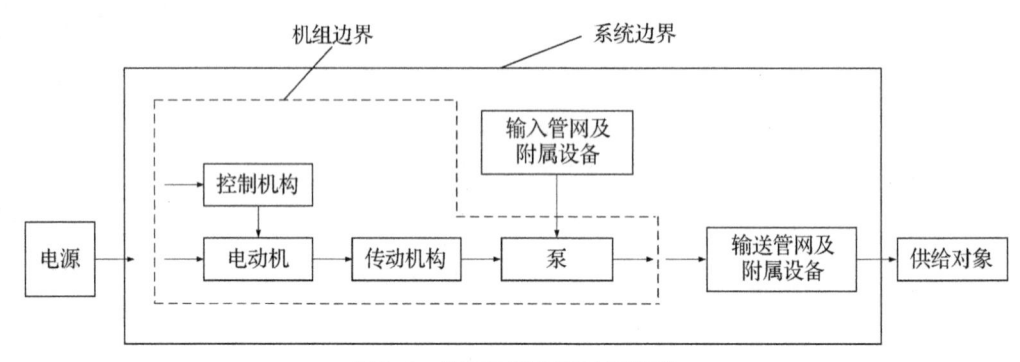

图3-1 泵组和泵系统边界示意

泵可用来输送水、油、酸碱液、乳化液、悬浮液和液态金属等液体，也可输送液、气混合物及含悬浮固体物的液体。

（2）泵系统要素

泵系统主要由泵、电机、阀门、滤网、管路（含直管、弯管、变径管、管接头等）、变频器（包含在控制柜中）、仪表等要素组成。泵系统示意如图3-2所示。

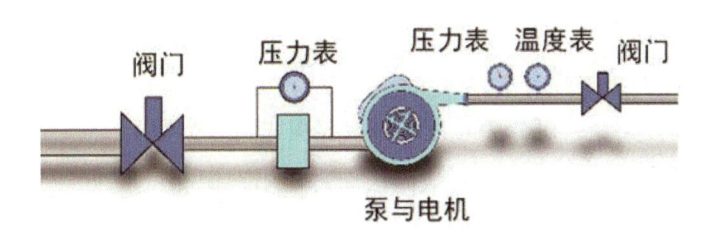

图3-2 泵系统示意

电机和泵，主要为输送流体提供输送动力，如图3-3所示。

阀门，主要用于关断、调节流体所在管道的流量或者防止介质在管道中倒流，如图3-4所示。

滤网，主要布置在泵进口处防止流体中的杂质等进入泵体，如图3-5所示。

管路，与泵体连接，主要为流体输送提供通道，如图3-6所示。

变频器，主要为调整泵转速进而调节流量、压力等，如图3-7所示。

仪表，主要对泵系统的压力、温度、流量等参数进行监视。温度仪表如图3-8所示。

图3-3 电机和泵 　　　图3-4 阀门 　　　图3-5 滤网

图3-6 管路 　　　图3-7 变频器 　　　图3-8 温度仪表

3.1.1.2 泵的分类

（1）按工作原理分类

按工作原理分类，泵可分为叶片式泵、容积式泵等类型。

叶片式泵是依靠旋转的叶轮对液体的动力作用，把能量连续地传递给液体，使液体的动能（为主）和压力能增加，随后通过压出室将动能转换为压力能。叶片式泵又可分为离心泵、轴流泵、混流泵和旋涡泵等，最常见的离心泵和轴流泵的原理和实物如图3-9至图3-12所示，两种类型泵的应用场景如图3-13和图3-14所示。

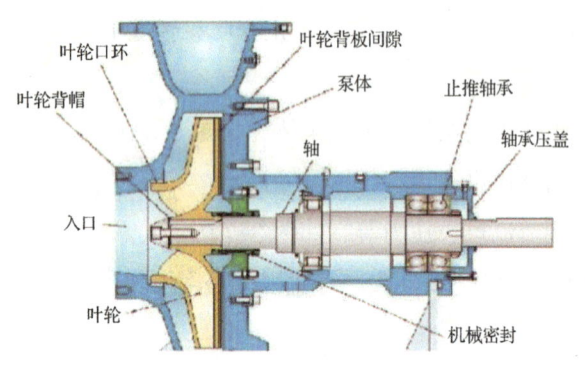

图3-9　离心泵原理

图3-10　离心泵实物

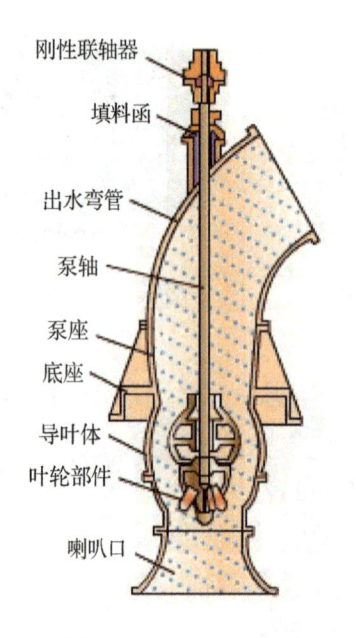

图3-11　轴流泵原理

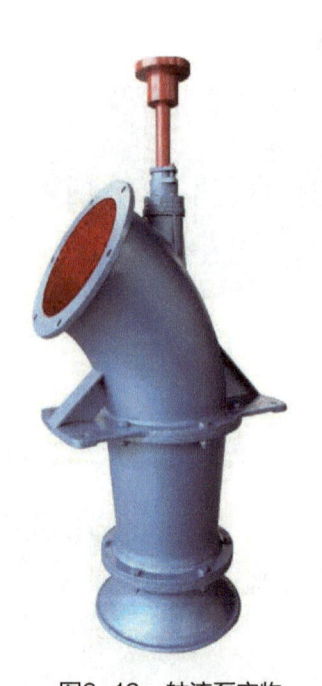

图3-12　轴流泵实物

3 工业通用能源系统能效提升

图3-13　离心泵应用场景

图3-14　轴流泵应用场景

容积式泵依靠包容液体的密封工作空间容积的周期性变化，把能量周期性地传递给液体，使液体压力增加至将液体强行排出，根据工作元件的运动形式又可分为往复泵和回转泵。常见的回转式泵包括水环式真空泵和齿轮泵等，水环式真空泵和齿轮泵原理和实物如图3-15至图3-18所示，两种类型泵的应用场景如图3-19和图3-20所示。

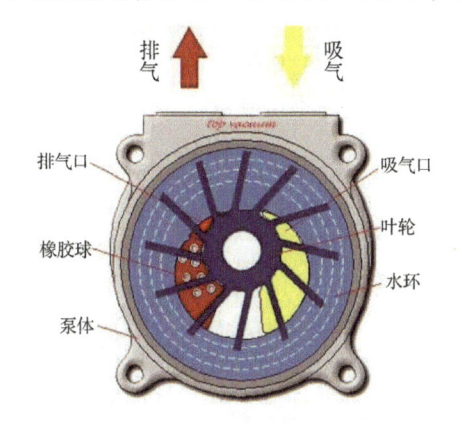

图3-15　水环式真空泵原理

图3-16　水环式真空泵实物

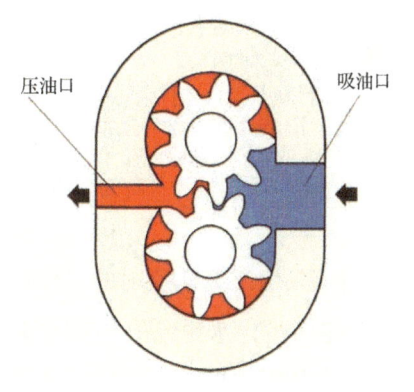

图3-17　齿轮泵原理

图3-18　齿轮泵实物

15

图3-19 水环式真空泵应用　　　　　　　图3-20 齿轮泵应用

典型叶片式泵和容积式泵的特性对比如表3-1所示。

表3-1　典型叶片式泵和容积式泵的特性对比

指标		叶片式泵			容积式泵	
		离心泵	轴流泵	旋涡泵	往复泵	转子泵
流量	均匀性	均匀			不均匀	比较均匀
	稳定性	不恒定，随管路情况变化而变化			恒定	
	范围（m³/h）	1.6~30000	150~245000	0.4~10	0~600	1~600
扬程	特点	对应一定流量，只能对应一定扬程			对应一定流量可以达到不同扬程，由管路系统确定	
	范围	10~2600m	2~20m	8~150m	20~10000m	20~5000m
效率	特点	在设计点最高，偏离越远效率越低			扬程高时效率降低很少	扬程高时效率降低很大
	范围（最高点）	0.5~0.8	0.7~0.9	0.25~0.5	0.7~0.85	0.6~0.8
结构特点		结构简单，造价低，体积小，重量轻，安装检修方便			结构复杂，振动大，体积大，造价高	同叶片式泵
适用范围		黏度较低的各种介质（水）	特别适用于大流量，低扬程，黏度较低的介质	特别适用于小流量，较高压力的低黏度清洁介质	适用于高压力，小流量的清洁介质（含悬浮液或要求完全无泄漏可用隔膜泵）	适用于中低压力，中小流量，黏度高的介质

其他类型泵是以其他形式传递能量的泵。例如，射流泵依靠高速喷射的工作流体将需输送的流体吸入泵后混合，进行动量交换以传递能量；水锤泵利用制动时流动中的部分水被升到一定高度传递能量；电磁泵通过利用通电的液态金属在电磁

力作用下产生流动而实现输送。其中，典型蒸汽喷射式泵原理、实物及应用场景如图 3-21 至图 3-24 所示。

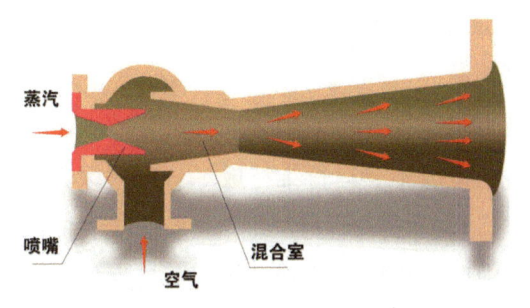

图3-21 典型蒸汽喷射式泵原理

图3-22 蒸汽喷射式泵实物

图3-23 蒸汽喷射式泵应用

图3-24 蒸汽喷射式泵应用

（2）按排出流体压力分类

按泵排出流体压力分类，泵可分为低压泵、中压泵和高压泵，低压泵出口介质压力小于2MPa，中压泵出口介质压力在2~6MPa，高压泵出口介质压力大于6MPa。

（3）其他分类

泵还可按其他方法分类，如按驱动方法分类，泵还可分为电动泵和水轮泵等；按结构分类，泵可以分为单级泵和多级泵；按输送液体的性质分类，泵可以分为水泵、油泵和泥浆泵等。

3.1.1.3 泵的用途

泵的用途广泛，在日常生活和工业生产中随处可见，主要应用如下所述。

在化工和石油企业中，泵主要用于输送原料、半成品和成品等流体，在很多装置中还用来调节温度。

在矿业和冶金工业中，泵主要是在选矿、冶炼和轧制过程中供应需求用水。

在电力生产部门中，泵主要用于给锅炉供水，提供冷却水循环动力、输送灰渣等。

在农业生产中，泵可用来进行农业排灌等。

在船舶工业中，每艘远洋轮上有船用离心泵、旋涡泵、船用电动齿轮泵、高压齿轮泵、船用螺杆泵、电动双螺杆泵、轴流泵等各类泵，有上百台左右。

城市给排水工程需要泵系统输送漂液等。

3.1.1.4 泵成本的构成

泵生命周期成本包括研发成本、生产制造成本、运行维持成本、维护保养成本。研发成本和生产制造成本根据生产批量的大小被分摊到各个泵中；维护保养成本（劳效和修理费用）包含维护过程中所产生的维修费及备件（易损件）成本；运行维持成本（运行能耗）包含泵在运行过程中的能耗（电动泵所消耗的电能、柴油泵所消耗的燃油等）、冷却或保温介质等成本，在泵生命周期中运行维持成本占比最大，有时达到85%以上。泵生命周期成本分布如图3-25所示。

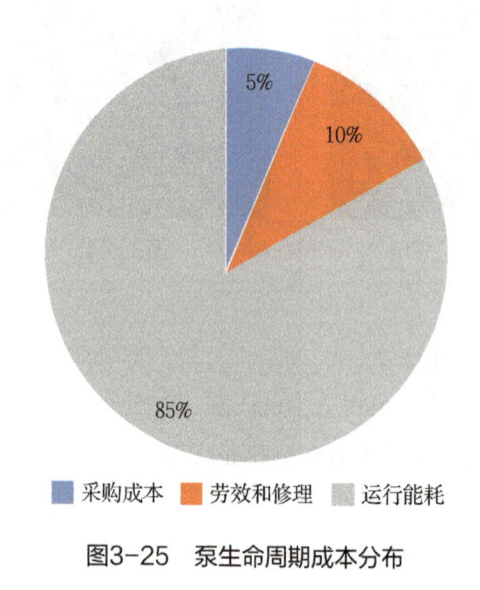

图3-25 泵生命周期成本分布

3.1.1.5 泵组参数

泵铭牌上标注的主要参数有流量、扬程、功率、转速等。电机铭牌上标注的主要参数有功率、电压、电流、频率、转速、功率因数、效率等。卧式离心泵及配套电机铭牌如图3-26所示。

3 工业通用能源系统能效提升

(a)卧式离心泵铭牌　　　　(b)电机铭牌

图3-26　卧式离心泵与电机铭牌

（1）流量

流量是泵在单位时间内输送出去的液体量（体积或质量），体积流量常用 Q 表示，单位是 m³/s、m³/h、L/s 等；质量流量常用 Q_m 表示，单位是 t/h，kg/s 等。质量流量和体积流量的关系如式 3-1 所示。

$$Q_m = \rho \times Q \qquad (式3-1)$$

式中：Q_m—液体质量流量（kg/s）；Q—液体体积流量（m³/s）；ρ—液体密度（kg/m³）。

（2）扬程

扬程是泵所抽送的单位重量液体从泵进口处（泵进口法兰）到泵出口处（泵出口法兰）能量的增值，即泵抽送液体的液柱高度，用 H 表示，单位是 m。扬程又等于实际扬程与损失扬程之和，具体如图 3-27 所示。

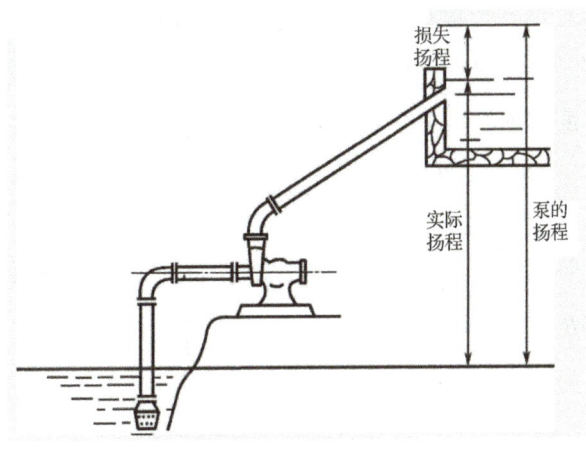

图3-27　泵扬程示意

实际扬程是泵组输送液体的下水位液面与上水位液面的垂直高度差,单位是m。

损失扬程是水经过管路时,由于受到阻力和摩擦而损失的扬程,单位是m。

（3）转速

转速是泵轴单位时间的转数,用n表示,单位是r/min。

（4）汽蚀余量

泵在工作时液体在叶轮的进口处因一定真空压力会产生气体,汽化的气泡在液体质点的撞击运动下,在叶轮等金属表面产生剥蚀,从而破坏叶轮等金属,此时真空压力叫作"汽化压力"。

汽蚀余量是指在泵吸入口处单位重量液体所具有的超过汽化压力的富余能量,用NPSH表示,单位是m。汽蚀余量又叫作"净正吸头",即泵允许吸液体的真空度,亦泵允许的安装高度。

（5）功率

泵的功率通常指输入功率,即原动机传输泵轴上的功率,又称为"轴功率",用P表示,单位是kW。

泵的有效功率是单位时间内从泵中输送出去的液体在泵中获得的有效能量,又称为"泵的输出功率",用P_e表示,单位是kW,泵的有效功率计算公式如式3-2所示。

$$P_e = \rho \times g \times Q \times H = \gamma \times Q \times H \qquad (式3-2)$$

式中:ρ—泵输送液体的密度（kg/m³）；γ—泵输送液体的重度（N/m³）；Q—泵的流量（m³/s）；H—泵的扬程（m）；g—重力加速度（m/s²）。

（6）效率

泵的效率为有效功率和轴功率之比,用η_1表示。

泵组整体效率是泵有效功率与泵组电机输入功率之比,其又等于泵效率、传动效率和电机效率的乘积,用η表示。常见的传动效率如表3-2所示。泵组整体效率是其最重要的性能指标。

$$\eta_1 = P_e \div P \qquad (式3-3)$$

$$\eta = \eta_1 \times \eta_2 \times \eta_3 \qquad (式3-4)$$

式中:P_e—有效功率（kW）；P—泵轴功率（kW）；η_1—泵效率（%）；η_2—传动效率（%）、η_3—电机效率（%）。

表3-2 常见传动效率

传动类别	圆柱齿轮	锥齿轮	蜗杆传动	带传动	链轮传动	减速器
效率（%）	0.88~0.99	0.88~0.98	0.40~0.95	0.90~0.98	0.93~0.98	0.90~0.98
传动类别	滑动轴承	滚动轴承	摩擦传动	联轴器	复合轮组	丝杠传动
效率（%）	0.94~0.99	0.98~0.99	0.85~0.96	0.95~0.995	0.90~0.99	0.30~0.95

3.1.1.6 泵的性能

泵的性能曲线是根据泵实时流量、扬程、效率、轴功率等参数绘制成的曲线，能直观地反映泵的总体性能，对其所在系统的安全和经济运行意义重大。一般主要有扬程—流量曲线（H-q_v曲线）、效率—流量曲线（η-q_v曲线）、功率—流量曲线（P_{sh}-q_v曲线）等。常见典型叶片式泵性能曲线如图3-28所示。管道的阻力曲线与泵的扬程—流量曲线交点为泵系统运行工况点，具体如图3-29（a）所示。

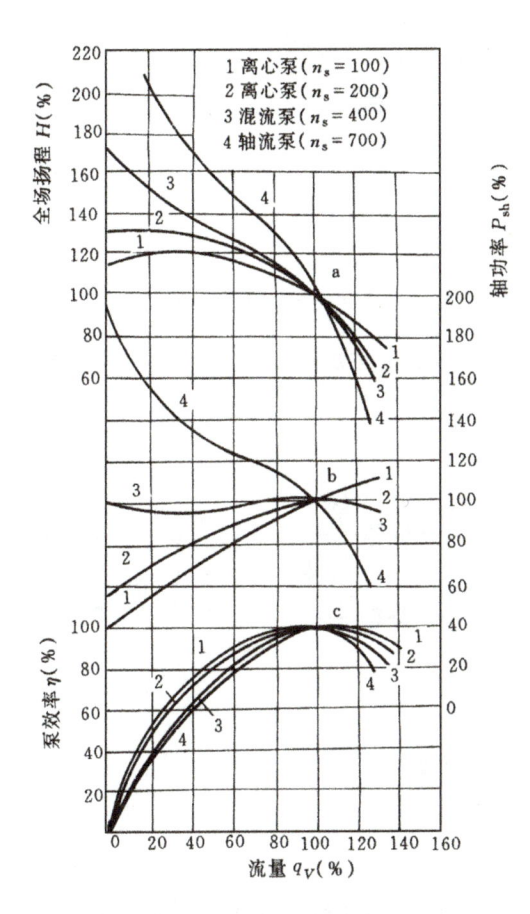

图3-28 泵性能曲线

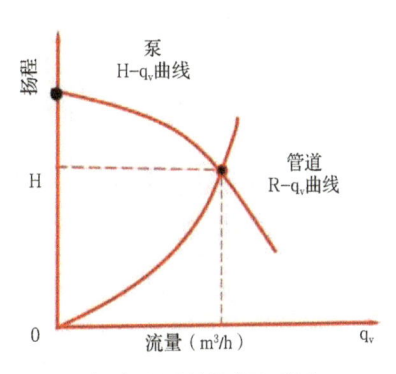

（a）泵系统运行工况点

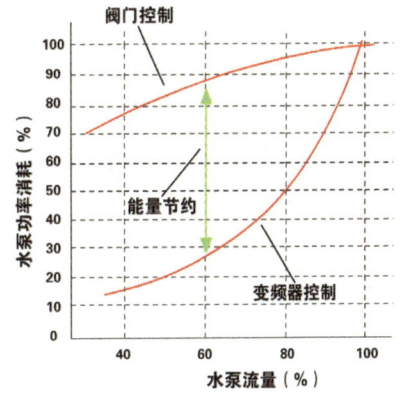

（b）流量控制方式节能曲线

图3-29 泵运行曲线

泵的性能与流量息息相关。在一定转速和进口条件下，当泵流量变为设计的40%时，其效率降至额定效率的60%左右，效率下降明显。

为提升泵系统的效率，对于流量变化较大的泵系统，常配置变频装置进行流量调节。节流阀和变频器调节不同流量功率消耗如图3-29（b）所示，可见采用变频器控制流量可大幅降低水泵的功率。

3.1.2 现场诊断内容

3.1.2.1 诊断流程

泵系统能效诊断整体流程如图3-30所示。

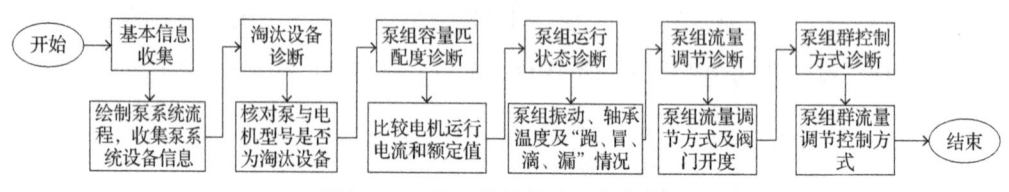

图3-30 泵系统能效诊断整体流程

3.1.2.2 基本信息收集

（1）系统流程

通过询问企业人员或现场查看泵组、管道等要素，了解泵系统作用（介质输送、冷却调节等），简单绘制泵系统流程示意图，并标出相关要素（阀门、滤网、仪表等）位置。泵系统流程如图3-31所示。

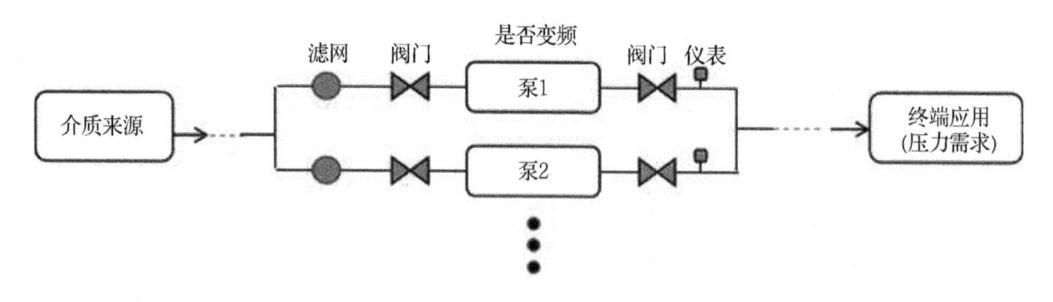

图3-31 泵系统流程（示例）

（2）设备信息

现场查看泵系统中泵和电机的铭牌，并记录铭牌的参数，具体如表3-3所示。

3 工业通用能源系统能效提升

表3-3 设备铭牌（设计）参数

设备编号	介质	型号	额定参数		能效等级	是否变频	出厂日期
		电机	功率（kW）				
			额定电压（V）				
			额定电流（A）				
			功率因数				
			效率（%）				
		泵	功率（kW）				
			流量（m³/h）				
			扬程（m）				
			效率（%）				
			转速（r/min）				

3.1.2.3 泵系统现场诊断

（1）识别泵组是否为淘汰设备

诊断步骤如下所述。

第一步：查看基本设备信息收集的泵和电机型号（见图3-32）。

第二步：核对泵和电机型号是否在"高耗能落后机电设备（产品）淘汰目录"（见图3-33）。

图3-32 电机型号

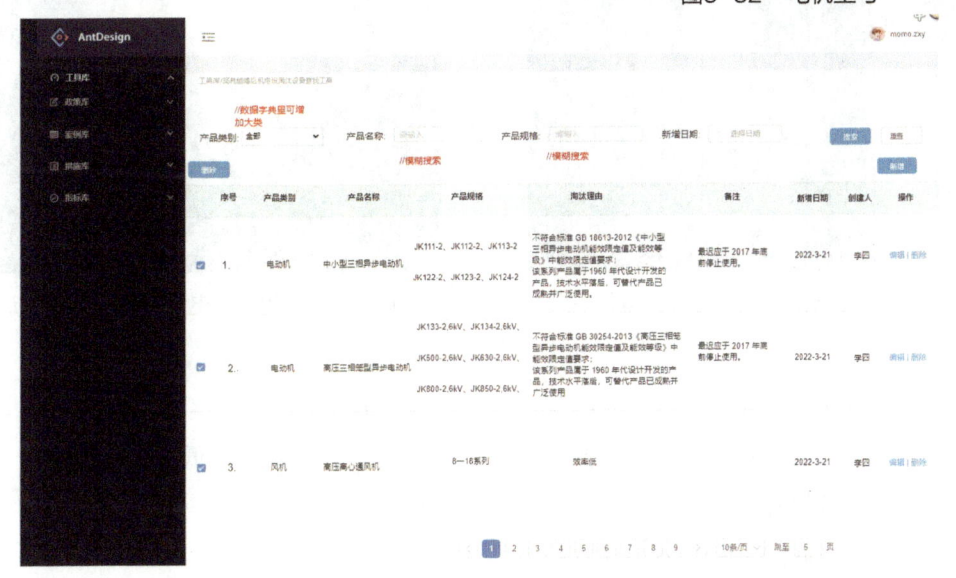

图3-33 "高耗能落后机电设备（产品）淘汰目录"查询小工具

判断方法：将记录泵和电机的型号与"高耗能落后机电设备（产品）淘汰目录"对照，如泵和电机在淘汰目录内，其为淘汰设备。淘汰设备诊断如表3-4所示。

表3-4 淘汰设备诊断

设备编号	电机型号	泵型号	是否为淘汰电机	是否为淘汰泵	备注
结论：					

能效提升措施：停止使用并将淘汰设备更换为容量、选型合适的高效泵组。

（2）诊断泵组选型是否匹配

诊断步骤如下所述。

第一步：查看基本信息收集的泵和电机额定电流，如图3-34所示。

第二步：与企业人员一同查看泵配电柜运行电流并记录电流值，或者采用钳形电流表测量电机电流（见图3-35），记录当前运行的电流值。

第三步：询问企业人员是否配置了变频装置以及单日周期内运行电流变化范围。

第四步：对比泵组运行电流及单日周期内的电流变化与额定电流，判断泵组容量是否匹配。

图3-34 查看泵组配电柜电机运行电流

图3-35 采用钳形电流表测量电机电流

判断方法：若泵电机运行电流及单日周期运行最大电流小于铭牌额定值20%及以上，说明泵容量选型偏大；若泵组未配置变频装置，则泵组在低效率工况运行，具有一定能效提升空间。

泵组容量匹配诊断如表3-5所示。

表3-5 泵组容量匹配诊断

设备编号	运行电流（A）	额定电流（A）	电流偏差	运行电流变化情况	评价	备注
结论：						

能效提升措施如下所述。

①可配置变频器提高泵机组效率。

②可请专业机构或厂家切割水泵叶片或更换叶片等改造方式提高水泵机组能效。

③可根据现场进一步测量流量、扬程等，重新选型更换为容量匹配泵组。

（3）诊断泵组运行状态是否正常

诊断步骤如下所述。

第一步：采用红外测温仪测量泵组各部位轴承温度并记录。

第二步：采用测振仪测量泵组振动并记录。振动测点位于电机尾部、电机头部、泵两端轴承、轴承座或基座上，每个部位测试垂直、水平和轴向三个方向。泵振动测点和三个方向如图3-36所示。

第三步：查看泵体及其与管道连接部位是否存在"跑、冒、滴、漏"现象并记录，如图3-37所示。

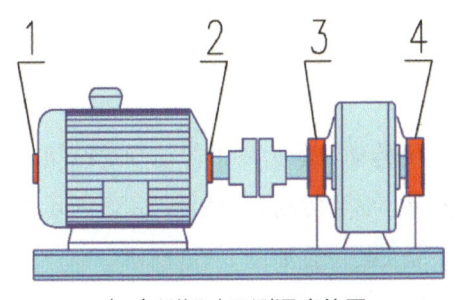

（a）测振动及测温度位置

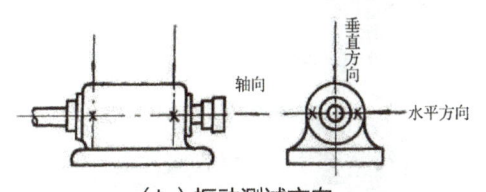

（b）振动测试方向

图3-36 振动和轴温测量

图3-37 水泵"跑、冒、滴、漏"

判断方法：泵组正常运行时，轴承温度一般最高不得超过80℃；若泵组轴承温度高于80℃，则泵组运行状态异常。依据《泵的振动测量与评价方法》（GB/T 29531—2013）查看泵组振动级别，若振动在D级，则泵组运行状态异常。

给水泵的振动数据如表3-6所示。

表3-6　给水泵的振动数据

设备	方向	单位	位置1	位置2	位置3	位置4	测点位置原理
循环水泵#1	⊙	mm/s					1　2　3　4（备注：⊙轴向，⊥垂直，=水平）
	⊥	mm/s					
	=	mm/s					
	轴承温度	℃					
	泄漏情况						
结论：							

能效提升措施如下所述。

泵组振动级别达到D级或者轴承温度超过80℃，应告知企业加强该泵组运行状态监测，若泵组比较重要，应立即请专业人员进一步诊断消除振动现象或者解决温度过高问题。泵组存在"跑、冒、滴、漏"情况的，建议企业处理消除这些情况。

（4）诊断传动装置是否松动

诊断步骤如下所述。

第一步：现场查看泵和电机传动是否采用皮带传动，若为皮带传动则继续第二步；若为联轴器传动等其他方式则结束该部分诊断。皮带传动泵组如图3-38所示。

第二步：查看皮带松紧度是否符合要求。皮带安装位置如图3-39所示。

图3-38　皮带传动泵组　　　　图3-39　皮带安装位置

判断方法：根据经验判断皮带是否松弛（一般设备停运时，用手按皮带，皮带有适当的张力）。

泵组传动装置如表3-7所示。

表3-7　泵组传动装置

设备编号	连接方式	是否松弛	备注
结论：			

采取措施：皮带松弛时，建议企业调整传动轮中心距直至皮带松紧度合适。

（5）诊断泵系统节流损失情况

诊断步骤如下所述。

第一步：现场查看泵出口阀门大致开度并记录。开度读取方式如图3-40和图3-41所示。

第二步：询问企业人员或现场查看泵出口流量调节方式，若采用变转速调节则结束，若采用节流阀调节则继续第三步。

第三步：记录单日周期内流量调节时阀门开度变化情况。

图3-40　依据阀杆外露长度判断开度　　图3-41　电动调节阀开度直接读取

判断方法：泵长时间采用节流阀调节且节流阀开度较小时，具有一定的节能潜力。

流量调节诊断如表3-8所示。

表3-8 流量调节诊断

设备编号	变速调节配置情况	流量调节方式	节流阀开度	节流阀开度日变化情况	评价
结论：					

能效提升措施：可配置变频器装置调节变转速流量，提升能效水平。

（6）诊断泵系统控制方式是否合理

诊断步骤如下所述。

第一步：现场查看泵组总台数、运行台数并记录。

第二步：现场查看或者询问企业人员泵系统日周期流量变化情况。

第三步：现场查看或询问流量变化时泵组群调节策略并记录。

判断方法：若流量改变时，没有启停泵组而是所有泵组流量同步改变，则具有节能潜力。

控制方式诊断如表 3-9 所示。

表3-9 控制方式诊断

泵组类型	设备台数	投运台数	变频配置情况	控制策略	评价
结论：					

能效提升措施：可通过配置泵组控制系统或者人工干预方式，在流量需求改变时增减泵运行数量，尽量避免通过所有泵组负荷同步变化满足流量需求。

（7）诊断管网运行是否正常

诊断步骤如下所述。

第一步：现场查看泵系统管网是否存在"跑、冒、滴、漏"现象，若存在记录泄漏点位置。现场管网泄漏如图 3-42 所示。

第二步：现场查看管网最不利点压力数值并记录。

第三步：询问企业人员泵系统管网中最不利点压力（见图 3-43）需求并记录。

图3-42 现场管网泄露　　　　　　　图3-43 现场最不利点压力

判断方法：判断管网最不利点压差是否远大于压力需求值。

管网情况诊断如表3-10所示。

表3-10　管网情况诊断

项目	单位	合理值	实际值	评价
管网最不利点压力值	MPa			
管网"跑、冒、滴、漏"情况				
结论：				

能效提升措施：若管网最不利点压差远大于压力需求值，建议调整泵运行状态使管网中最不利点压力微大于压力需求值；若管网存在"跑、冒、滴、漏"情况，建议企业消除这些情况。

3.1.3　能效诊断案例

3.1.3.1　诊断过程案例

（1）基本信息收集

①某纺织企业泵系统流程如图3-44所示。

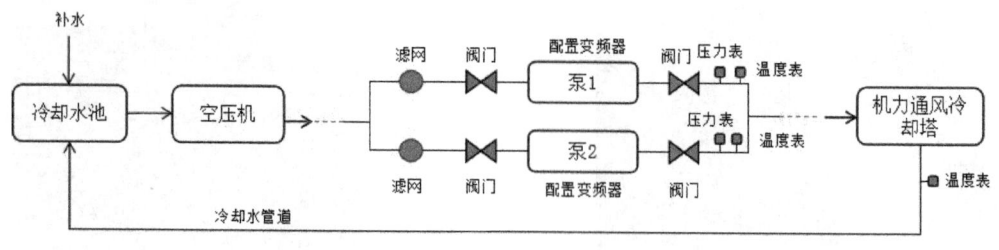

图3-44 水泵流程

②某企业泵组主要参数如表3-11所示。

表3-11 泵组额定参数

设备编号	介质	型号	额定参数		能效等级	是否变频	出厂日期
冷却水泵#1	空压机循环冷却水	电机 YE2-180M-2	功率（kW）	22	/	是	2019.10
			额定电压（V）	380			
			额定电流（A）	41.1			
			功率因数	0.96			
			效率（%）	91.3			
		泵 DFM-125-200B12	功率（kW）	22	/		2019.10
			流量（m³/h）	140			
			扬程（m）	38			
			效率（%）	72			
			转速（r/min）	2950			
冷却水泵#2	空压机循环冷却水	电机 YE2-180M-2	功率（kW）	22	/	是	2019.10
			额定电压（V）	380			
			额定电流（A）	41.1			
			功率因数	0.96			
			效率（%）	91.3			
		泵 DFM-125-200B12	功率（kW）	22	/		2019.10
			流量（m³/h）	140			
			扬程（m）	38			
			效率（%）	72			
			转速（r/min）	2950			

（2）泵系统现场诊断

①诊断泵组是否为淘汰设备。泵和电机是否为淘汰设备诊断情况如表3-12所示。

表3-12　淘汰设备诊断

设备编号	电机型号	泵型号	是否为淘汰电机	是否为淘汰泵	备注
循环水泵 #1	YE2-180M-2	DFM-125-200B12	否	否	
循环水泵 #2	YE2-180M-2	DFM-125-200B12	否	否	
结论：非淘汰设备					

②诊断泵组选型是否匹配。泵组容量诊断情况具体如表 3-13 所示。

表3-13　泵组容量匹配诊断

设备编号	运行电流（A）	额定电流（A）	电流偏差	运行负荷变化	评价	备注
循环水泵 #1	38.5	41.1	6%	运行稳定，电流基本不变化	接近额定负荷运行，在接近高效区运行	
循环水泵 #2	/	/	/	/	/	未运行，备用
结论：容量选型基本匹配，节能空间较小						

③诊断泵组运行是否正常。泵组运行状态诊断如表 3-14 所示，其中循环水泵 #2 未运行。

表3-14　给水泵的振动数据

设备	方向	单位	位置1	位置2	位置3	位置4	测点位置原理
循环水泵 #1	⊙	mm/s	1.1	0.7	1.3	1.0	
	⊥	mm/s	1.8	1.6	1.5	1.0	
	=	mm/s	2.7	4.5	7.1	6.0	
	轴承温度	℃	/	45	49	/	备注：⊙轴向，⊥垂直，=水平
	泄漏情况		水泵本体及管道连接处无泄漏				
结论：泵组水平振动偏高，泵组轴承温度正常，泵组无泄漏							

④诊断水泵传动装置是否松动。泵组传送装置情况具体如表 3-15 所示。

表3-15　泵组传送装置

设备编号	连接方式	是否松弛	备注
循环水泵#1	联轴器连接	/	
循环水泵#2	联轴器连接	/	
结论：联轴器连接，传动节能潜力较小			

⑤诊断泵系统节流损失情况。泵组流量调节诊断具体信息如表3-16所示。

表3-16　泵组流量调节诊断

设备编号	流量调节方式	节流阀开度	节流阀开度情况	变频配置	评价
循环水泵#1	变频器调节	约90%	阀门开度维持不变	是	节能潜力较小
循环水泵#2	变频器调节	/	/	是	/
结论：节流阀开度较大且采用变转速调节，节能空间较小					

⑥诊断泵系统控制是否合理。泵组控制方式诊断具体信息如表3-17所示。

表3-17　泵组控制方式诊断

泵组类型	设备台数	投运台数	变频配置	控制策略	评价
循环水泵泵组	2台	1台	是	变频控制	节能潜力较低
结论：节能潜力较低					

⑦诊断管网运行是否正常。管网情况诊断具体信息如表3-18所示。

表3-18　管网情况诊断

项目	单位	合理值	实际值	评价
管网最不利点压力值	MPa	保证冷却塔顶部水缓慢流出	冷却塔顶部水流缓慢	管网最不利点压力合理
管网"跑、冒、滴、漏"情况	无"跑、冒、滴、漏"			
结论：管网最不利点压力合理，管网无"跑、冒、滴、漏"情况，节能空间较小				

⑧结论汇总。该企业泵系统诊断结论汇总如表3-19所示。

表3-19 泵系统诊断结论汇总

序号	项目	诊断结果	采取措施
1	泵机组容量匹配性诊断	容量选型合适，节能潜力较小	/
2	泵机组淘汰设备诊断	非淘汰设备	/
3	泵机组运行状态诊断	泵组水平振动偏高	建议企业加强对该泵组运行状态的监测，若该泵组比较重要，建议请专业人员进一步诊断，消除振动高的问题
4	传动装置诊断	联轴器连接，节能潜力较小	/
5	流量调节诊断	节流阀开度较大且采用变频调节流速，节能潜力较小	/
6	控制策略诊断	单台机组运行，采用变频控制，节能潜力较小	/
7	管网情况诊断	节能潜力较小	/

3.1.3.2 节能改造案例

（1）项目介绍

某企业离子膜烧碱装置冷却循环水系统具有6台水泵，水泵的额定功率都为200kW。日常生产时，1台备用，其他5台水泵24小时不间断运行，单台泵平均耗电功率约185kW。企业年生产时间约7500小时，平均电价为0.72元每千瓦·时。循环水系统年耗电量约为6938000kW·h，年耗电费用约为500万元。

现场诊断发现：泵组投运时间已达10年，设备相对老旧；此外，水泵的出口压力和流量偏离泵的设计工况点，泵组的运行效率较低。

（2）改造方案

根据原循环冷却水系统运行工况点，定制高效节能水泵并替换原系统中的水泵机组，同时优化泵组的运行模式。

改造后的循环水系统运行功率约565kW，每年耗电量为4238000kW·h，电费为305.1万元。改造后比改造前每年节省用电费用194.4万元，项目投资285万元，投资回收时间约1.5年。

3.2 风机系统能效诊断措施及典型案例

3.2.1 基础知识介绍

3.2.1.1 基本概念

（1）基本概念

风机是常见的通用机械，具有品种繁多、应用广泛的特点。通用机械产品中的通风机、鼓风机等风机均是量大面广的耗能产品，广泛应用于我国能源、化工、冶金、煤炭等多个行业和领域。在当前"双碳"背景下，大力提高通风机、鼓风机等风机设备的能效水平，对我国实现节能减排目标具有非常重要的现实和长远意义。风机常见功能如图3-45所示。

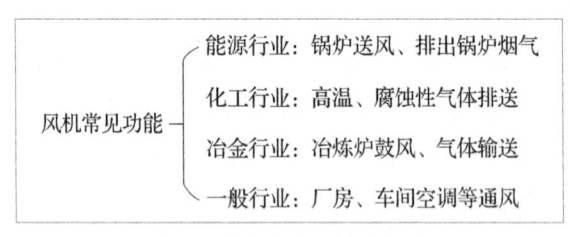

图3-45 风机常见功能

风机根据流体力学理论设计，主要依靠输入的机械能提高气体压力并排送气体，是一种从动的流体机械。基于能量观点分析，它是一种把原动机的机械能量转变为气体能量的机械。风机是气体压缩和气体输送机械的习惯简称。通常而言，风机机组主要指风机本体和电机等设备。离心式风机示意如图3-46所示。

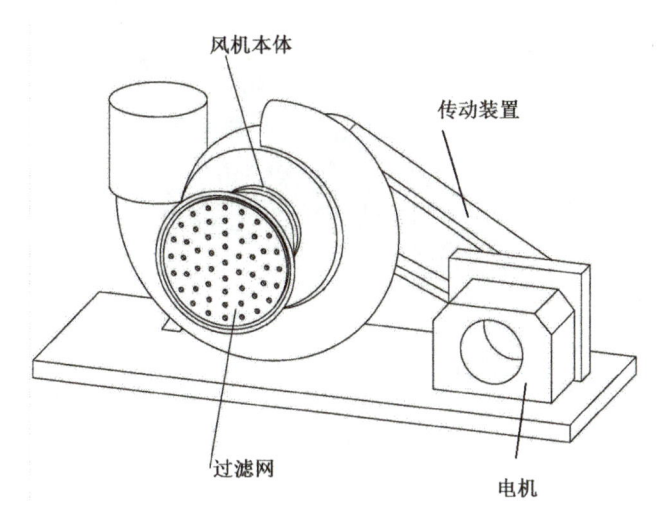

图3-46 离心式风机示意

风机系统广泛用于工厂、矿井、隧道、冷却塔、车辆、船舶和建筑物的通风、排尘和冷却，如锅炉和工业炉窑的通风和引风，空气调节设备和家用电器设备中的冷却和通风，风洞风源和气垫船的充气和推进等。在工业领域，风机主要应用于金属矿山、冶金、钢铁、煤炭工业等行业，用量分布情况如图3-47所示。

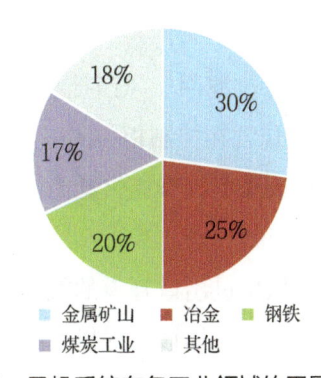

图3-47 风机系统在各工业领域的用量分布

（2）风机系统组成

通常，风机系统除风机外，还包括电动机、输入管网及附属设备、输送管网及附属设备等。风机系统示意和边界示意分别如图3-48和图3-49所示。

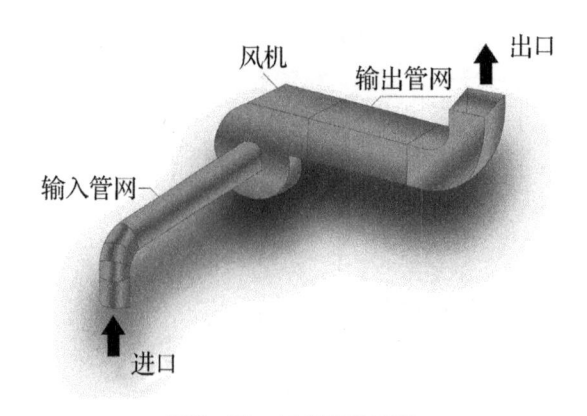

图3-48 风机系统示意

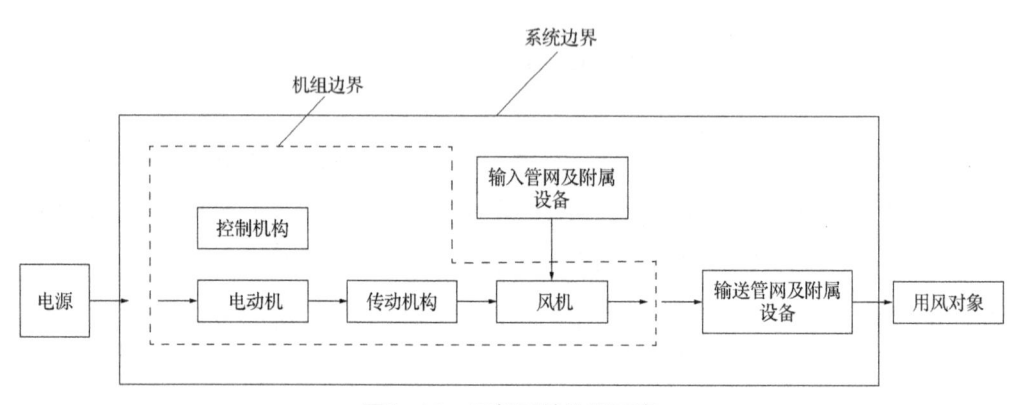

图3-49 风机系统边界示意

风机系统主要由风机机组、过滤网、风门挡板、管网（含输入管网、输送管网及相应附属设备等）、变频器（包含在控制柜中）、仪表等要素组成，如图3-50所示。

风机机组主要为气体输送或压力提升提供动力。

过滤网一般布置在风机入口处，防止吸入杂物。

风门挡板用于关断或调节风机进出口管道的气体流量。

管网主要与风机机组连接，为气体输送提供通道。

变频器主要通过调整风机转速调节输送气体流量、压力等。

管网上的压力、温度、流量等仪表一般安装于风机机组前后管道中，对风机输送气体的压力、温度、流量等参数进行检测。

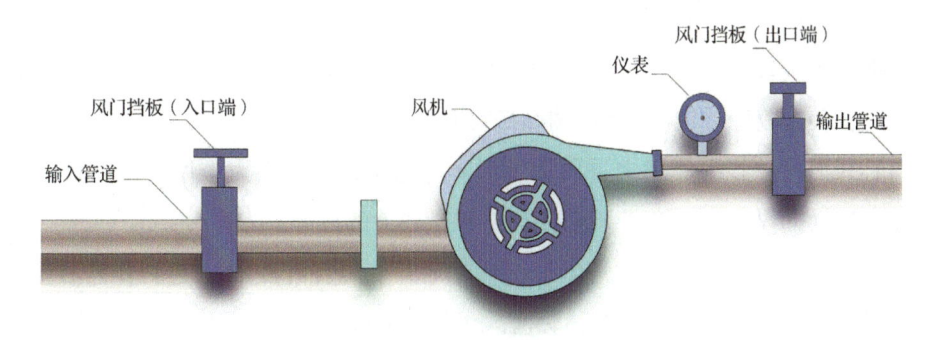

图3-50 风机系统要素

3.2.1.2 分类及用途

风机可按工作原理、气流运动方向、生产压力等分类。分类情况如图3-51所示。

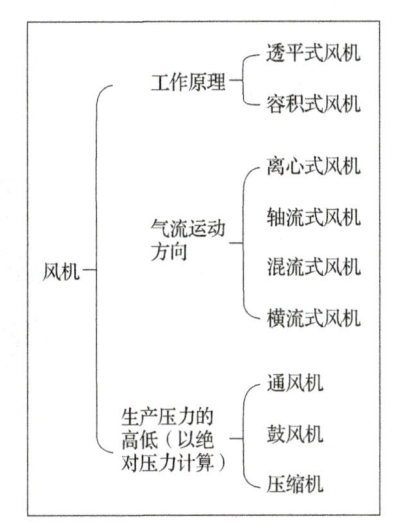

图3-51 风机的分类情况

（1）根据工作原理的分类

根据工作原理，风机可分为透平式风机和容积式风机两大类。

透平式风机是通过旋转叶片压缩输送气体的风机，包括离心式风机、轴流式风机、混流式风机、横流式风机等。

容积式风机是用改变气体容积的方法压缩及输送气体的机械，可分为定容式和非定容式，常见的有罗茨鼓风机（定容式）、往复式风机（非定容式）。

（2）根据气流运动方向的分类

根据气流运动方向，风机可分为离心式风机、轴流式风机、混流式风机和横流式风机，相关实物图如图 3-52 至图 3-55 所示。

离心式风机：指气体轴向进入旋转的叶片通道，在离心力作用下气体被压缩并沿着径向流动的风机，适合于风压较高、风量较大的场合。

轴流式风机：指气流轴向进入风机叶轮后，在旋转叶片的流道中沿着轴线方向流动的风机。相对于离心式风机，轴流式风机具有流量大、体积小、压头低的特点，可用于有灰尘和腐蚀性气体的场景。

混流式（斜流式）风机：在风机的叶轮中，气流的方向处于离心式和轴流式之间，气体以与主轴成某一角度的方向进入旋转叶道，近似沿锥面流动。因此，混流式风机风压系数比轴流式风机高，流量系数比离心式风机大，性能在轴流式风机和离心式风机之间，取两家之长，通常需要连在风管上。

横流式风机：气体两次流经风机叶轮，气体沿径向流入最后再沿径向流出，进气和排气方向处于同一平面，所排气体沿风机宽度方向分布均匀。

图3-52　离心式风机

图3-53　轴流式风机

图3-54　混流式风机

图3-55　横流式风机

(3) 根据生产压力的高低分类

根据生产压力的高低（以绝对压力计算），风机可分为通风机、鼓风机和压缩机。在工业领域，风机一般主要指通风机和鼓风机。

通风机是排气压力低于 112700Pa 的风机。

鼓风机是排气压力为 112700Pa~343000Pa 的风机。

压缩机是排气压力在 343000Pa 以上的风机。

根据使用场景所需压力、流量等因素，各种风机适用压力不同。相同流量下，各种风机压力使用范围从小到大依次为多叶片通风机、离心式（轴流式）通风机、轴流式鼓风机等。

(4) 常见风机的特征情况

工业企业最常用的是离心式风机和轴流式风机。离心式风机工作时，电机驱动叶轮在蜗形机壳内旋转，空气经吸气口从叶轮中心处吸入。由于叶片对气体的动力作用，气体压力和速度得以提高，并在离心力作用下沿着叶道甩向叶壳，从排气口排出。离心式风机主要由叶轮、机壳、导流器、集流器、进气箱及扩散器等组成。离心式风机如图3-56所示。

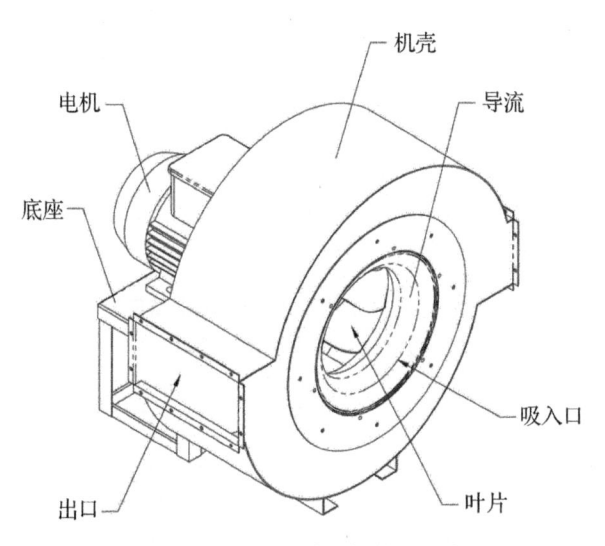

图3-56 离心式风机结构示意

轴流式风机工作时，电机驱动叶轮在圆筒形机壳内旋转，气体从集流器进入，通过叶轮获得能量，提高压力和速度，然后沿轴向排出。轴流式风机的布置形式有立式、卧式和倾斜式三种。一般地，轴流式风机由叶轮、机壳、集风器、整流罩、导叶和扩散筒等部件组成，叶片均匀布置在轮毂上，数目一般为2~24片，叶片越多，风压越高。轴流式风机和轴流式通风机结构如图3-57所示。

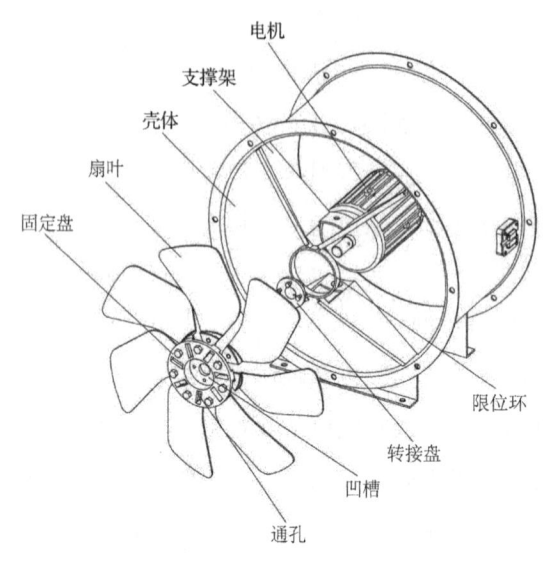

图3-57 轴流式风机和轴流式通风机结构

离心式风机和轴流式风机除是否改变风管内气体流向外，在单机效率、安装要求、适用场景等方面均有一定差异。两者特征对比如表3-20所示。离心式风机风压高、噪声小，适用于送风管路较长的系统；轴流式风机与离心式风机比较，相同功率时风量大而风压小，适用于管路短、阻力小而所需风量大的场所。

表3-20 离心式风机和轴流式风机特征对比

风机类型	气流方向	单机效率	安装要求	适用场景
离心式风机	改变风管内气体的流向	效率一般为70%~87%	结构简单紧凑，安装较复杂	风压高，噪声小，适用于送风管路较长的系统
轴流式风机	不能改变气体的流向	效率较高，可达86%~92%	结构较为简单，安装非常简单，维护方便	风量大，风压小，适用于管路短、阻力小而所需风量大的场所

3.2.1.3 基本参数

风机的基本性能参数包括流量、全压、静压、轴功率、有效功率、效率、转速等。这些额定参数部分可以从风机和电机铭牌上读取。风机铭牌上一般有全压、流量、转速、（匹配的）电机功率等参数，电机铭牌上一般有电机功率、电压、电流、转速、功率因数、电机效率等参数。离心通风机铭牌及相应电机铭牌分别如图 3-58 和图 3-59 所示。风机基本参数注解如图 3-60 所示。

图3-58　离心通风机铭牌

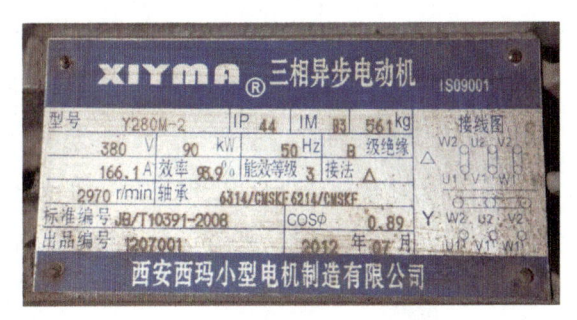

图3-59　离心通风机的电机铭牌

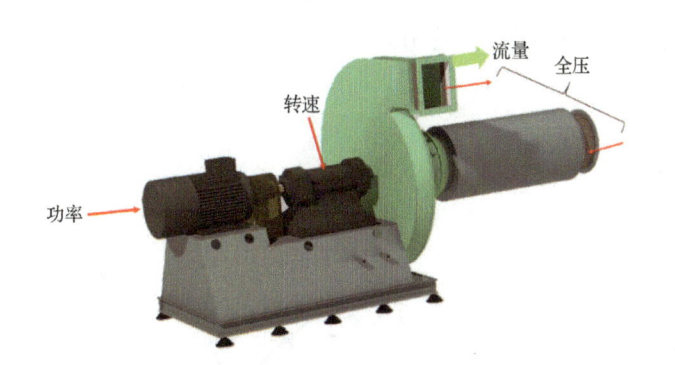

图3-60　风机基本参数注解

全压：风机全压是风机出口截面滞止压力与风机进口截面滞止压力之差值，即单位体积气体从风机进口截面经叶轮至出口截面所获得的机械能的增加值，一般可用符号 P_{total} 或 H 表示，单位常用 Pa、kPa 表示。

静压：除风机全压外，风机的压力还有静压、动压。风机静压定义为"风机的全压减去风机的动压"，以 P_{st} 表示。根据伯努利方程可知，静压又称为"速度为零时的滞止压力"。

流量：在单位时间内通过风机的气体体积，又称为"风量"，常以 Q 来表示，单位常用 m³/h、m³/min 表示。

转速：风机转子的旋转速度，常以 n 表示，单位用 r/min 表示。

轴功率：原动机（电机）传到风机轴上的功率，常以 P 表示，单位用 W、kW 表示。

有效功率：通过风机的气体在单位时间内从风机中获得的能量，又称为"输出功率"。常以 P_e 表示，单位用 W、kW。

风机效率：风机效率为有效功率与轴功率之比，常以 η 表示。

3.2.1.4 性能情况

风机的性能曲线是根据风机的实时流量值、全压值、效率、功率等参数绘制成的曲线，能直观地反映风机的总体性能，对其所在系统的安全和经济运行意义重大。主要有全压—流量曲线、静压—流量曲线、效率—流量曲线、功率—流量曲线等。

风机性能与风机流量息息相关。一定转速和入口条件下，绘制风压与流量、轴功率（内功率）与流量、效率与流量的关系曲线。随着流量增大，风机效率先增大后减小，内功率逐渐增大，风压逐渐降低；存在最高效率点，即设计工况点。

例如，当风机全压—流量（Q-H）性能曲线呈驼峰状时，临界点 L 左侧为不稳定工作区，若风机运行到不稳定工作区时，会出现风机失速，进而出现风机喘振，因此，临界点 L 左侧为喘振区。管道阻力曲线与风机全压—流量曲线的交点为风机工作点。

风机全压—流量性能曲线如图 3-61 所示。

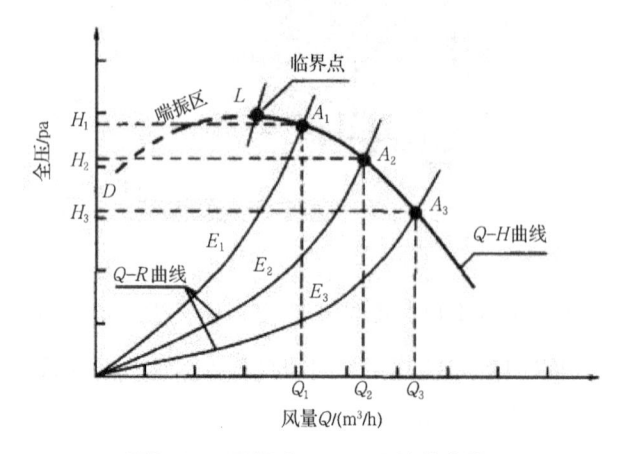

图 3-61 风机全压—风量性能曲线

3.2.2 现场诊断内容

3.2.2.1 诊断流程

风机系统能效诊断主要分为基本信息收集和现场诊断两部分，其中基本信息收集包括系统流程和设备信息，现场诊断包括淘汰设备诊断、风机选型匹配情况诊断、风机运行状态诊断、风机流量调节方式诊断、风机传动装置诊断和风机机组群的控制方式诊断等。风机系统能效诊断的流程如图 3-62 所示。

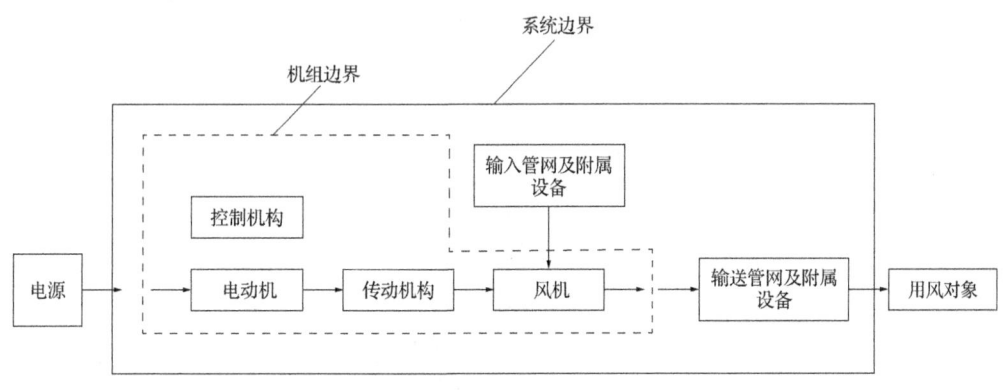

图3-62　能效诊断流程

3.2.2.2 基本信息收集

（1）系统流程

通过询问工业企业人员或查看风机机组、管道等要素了解风机系统大致作用（引风、通风、输送混合物料等）、确定具体部件位置（风门挡板位置，温度、压力仪表位置等），简单绘制风机系统流程示意图，并标出相关计量装置的位置，以便进一步开展工作（见图 3-63）。

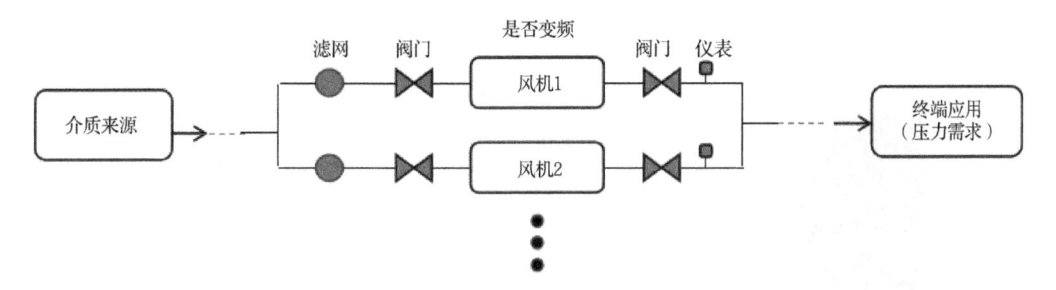

图3-63　风机系统流程示意（示例）

（2）设备信息

现场查看风机铭牌与电机铭牌，记录相关铭牌参数（见表 3-21）。

表3-21　设备铭牌（设计）参数

设备编号	介质	型号	型式	性能参数		能效等级	是否变频	出厂日期
		风机	离心式、轴流式……	全压（Pa）				
				流量（m^3/h）				
				转速（r/min）				
				功率（kW）				
		电机	/	电压（V）				
				电流（A）				
				功率（kW）				
				功率因数				
				效率（%）				
				转速（r/min）				

3.2.2.3 风机系统现场能效情况

（1）淘汰机电设备情况

诊断步骤如下所述。

第一步：查看所记录的风机型号和电机型号（见图3-64）。

第二步：核对风机型号、电机型号是否在"高耗能落后机电设备（产品）淘汰目录"中（见图3-65）。

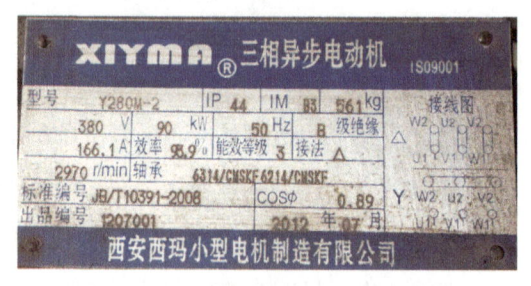

图3-64　风机电机型号（仅参考）

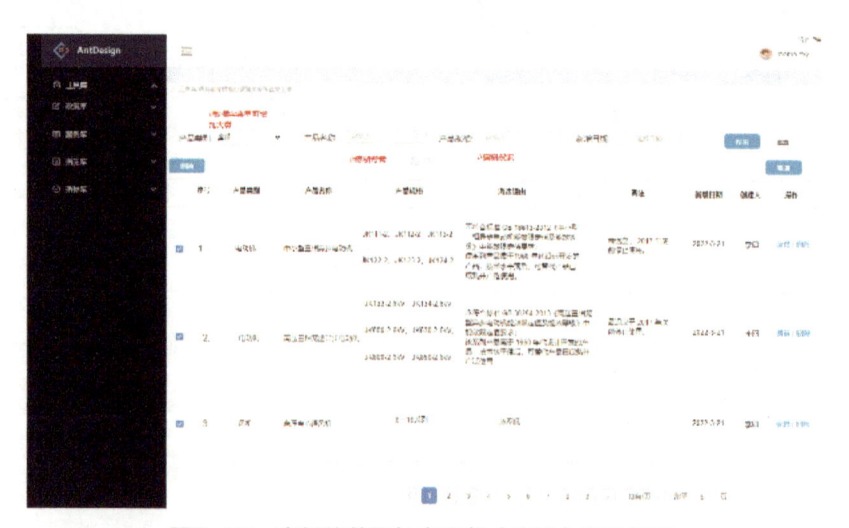

图3-65　高耗能落后机电设备（产品）淘汰目录

判断方法：将记录的风机型号、电机型号与"高耗能落后机电设备（产品）淘汰目录"对照，如设备在淘汰目录内，则为淘汰机电设备。

能效提升措施：停止使用并将淘汰风机或淘汰电机更换为流量、压力等参数选型更合适的高效节能设备。

风机与电机淘汰机电设备诊断记录如表3-22所示。

表3-22　风机与电机淘汰机电设备诊断记录

设备编号	风机型号	电机型号	是否为淘汰机电设备	备注
结论：				

（2）机组选型匹配情况

诊断步骤如下所述。

第一步：查看所记录的风机、电机的额定电流参数。

第二步：与企业人员一同查看风机配电柜运行电流并记录电流值（见图3-66），或采用钳形电流表测量风机电机电流，待测量数值较稳定后，记录电流值（见图3-67）。

第三步：询问企业人员是否配置有变频装置及风机单日周期内运行电流变化范围。

第四步：将风机电机运行电流和额定电流进行比较，判断风机选型是否匹配。

图3-66　查看配电柜风机运行电流　　　图3-67　采用钳形电流表测量风机电机电流

判断方法：若风机电机运行电流及日周期运行电流与铭牌额定值相比偏差大于20%及以上，说明风机选型偏大，风机在低效率工况运行；此时，若风机尚未配置

变频装置，则具有一定提升空间。

选型偏大的风机可采用以下几种方法提高能效。

第一步，可配置变频器提高风机效率。

第二步，可请专业机构或厂家切割风机叶片或更换叶片等改造方式提高风机能效。

第三步，根据现场条件，轴流式风机可采取动叶调节、离心式风机可采取入口导流器调节等方式调节流量。风机进口端调节比出口端调节更经济。

第四步，可根据现场条件进一步测量工艺所需流量、全压等参数，通过重新选型更换为更加匹配的风机机组。

容量匹配诊断记录如表3-23所示。

表3-23 容量匹配诊断记录

设备编号	额定电流（A）	运行电流（A）	电流偏差	运行负荷变化	评价	备注
结论：						

（3）机组运行状态情况

诊断步骤如下所述。

第一步：采用红外测温仪测量风机各部位轴承温度并记录。风机轴承温度测量点如图3-68所示，测试照片如图3-69所示。

第二步：若一线人员配有测振仪，则可采用测振仪测量风机机组振动并记录。振动测点位于电机尾部（见图3-70），电机头部，风机两端轴承、轴承座或基座上，每个部位测试垂直、水平和轴向三个方向（见图3-71）。风机振动测试照片如图3-72所示。

第三步：查看风机机组及与管道连接部分是否存在"跑、冒、滴、漏"现象，若有则记录（见图3-73）。详细步骤如下。

- 查看风机轴承箱、机壳表面是否有漏油现象。
- 听风机机组及其与管道连接部分是否存在"明显的异响声"或"异常振动"。
- 若有润滑油箱，查看风机轴承润滑油位（见图3-74）。

3 工业通用能源系统能效提升

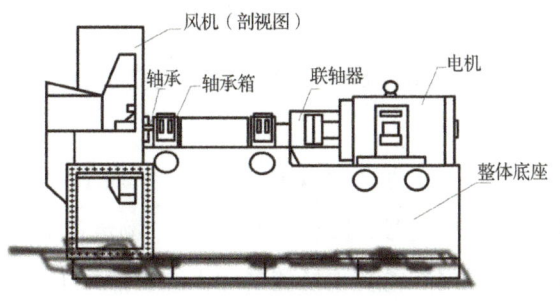

图3-68 风机轴承温度测量点

图3-69 风机轴承温度测试

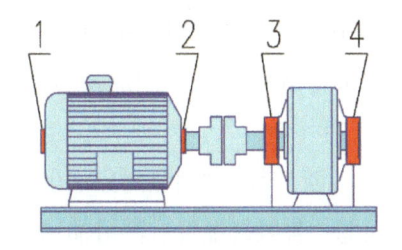

图3-70 风机机组振动测点

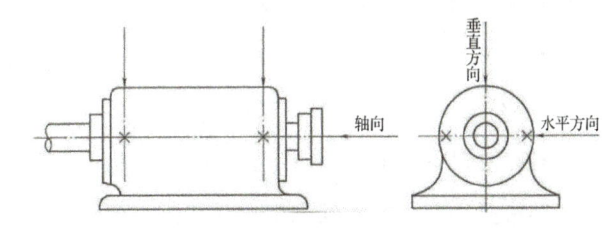

图3-71 垂直、水平、轴向测试方向

图3-72 风机振动测试

图3-73 风机"跑、冒、滴、漏"现象

图3-74 查看风机轴承润滑油位

判断方法如下所述。

• 风机机组正常运行时,轴承温度最高不得超过80℃,若轴承温度高于80℃,风机机组运行状态存在问题。

• 查看风机机组振动是否符合《通风机振动检测及其限值》(JB/T 8689—2014)、《机械振动 在非旋转部件上测量评价机器的振动 第3部分:额定功率大于15kW 额定转速在120 r/min 至15000 r/min 之间的在现场测量的工业机器》(GB/T 6075.3—2011)要求,即风机机组振动阻值须满足表3-23的要求。简单来说,若风机机组直接与地面连接,振动值 > 4.6 mm/s,则振动不合格;若风机机组通过弹簧或橡胶垫等与地面连接,振动值 > 7.1 mm/s,则振动不合格(见表3-24)。若振动不合格,须进一步诊断分析原因。

• 若看到风机轴承箱、机壳表面存在渗油、滴油现象,或听到存在"明显的异响声"或"异常振动",则风机机组存在"跑、冒、滴、漏"问题;若风机配置有润滑油箱,且轴承润滑油位明显低于轴承箱油位窗口1/2处,则润滑油不足。

表3-24 一般风机机组振动限值

支承类型	振动速度(峰值)v mm/s	近似对应的振动速度有效值 vrms mm/s
刚性支承[1]	≤ 6.5	≤ 4.6
挠性支承[2]	≤ 10	≤ 7.1

1. 刚性支承(见图3-75):通风机被安装后,"通风机—支承系统"的基本固有频率高于通风机的工作主频率。如一般通风机直接与坚硬基础紧固连接。

2. 挠性支承(见图3-76):通风机安装后,"通风机—支承系统"的基本固有频率低于通风机的工作主频率。如在特殊条件下,通风机通过隔振体与基础连接。如风机采用大量的软性支承结构,即支架下采用弹簧、橡胶垫等软性支撑,即为挠性支承。

图3-75 通风机采用刚性支承　　图3-76 通风机采用挠性支承

根据上述判断结果采取相应提升措施。

• 若风机机组振动值超过 4.6mm/s（刚性支承）或 7.1mm/s（挠性支承），或风机轴承温度超过 80℃，应告知企业加强对该风机机组运行状态的监测；若风机比较重要，应请专业人员进一步诊断并消除振动或者轴承温度过高问题，以免造成设备损坏。

• 对于风机机组或与管道连接处存在"跑、冒、滴、漏"问题，建议企业对症处理，及时消缺。

风机机组运行状态诊断记录如表 3-25 所示。

表3-25　风机机组运行状态诊断记录

设备	方向	单位	位置 1	位置 2	位置 3	位置 4	测点位置示意图
	⊙	mm/s					
	⊥	mm/s					
	=	mm/s					
	轴承温度	℃					备注：⊙轴向，⊥垂直，=水平
	支承形式						
	泄漏情况						
结论：

（4）机组流量调节方式

诊断步骤如下所述。

第一步：询问企业人员或者查看风机系统设备，了解风机运行工况的调节方式。

• 是否配置变频装置。

• 是否配置液力耦合器（见图 3-77）。若已配置变频装置或液力耦合器，该能效诊断结束，否则继续以下内容。

• 风机入口是否有流量调节。若有，则为入口端节流调节（挡板节流式）、入口导流器调节、入口静叶调节或动叶调节中的哪一种？

• 风机出口是否有流量调节。若有，则为出口端节流调节（挡板节流式）或其他方式？

一般而言，轴流式风机分为动叶调节或入口静叶调节，离心式风机分为液耦（调节转速）或入口导流器调节或入口端挡板调节。

第二步：现场查看风机流量改变时的调节方式并记录相应开度。

图3-77　风机液力耦合器

判断方法：若风机长时间通过入口挡板节流调节或出口挡板节流调节，造成的阻力损失较大，因此风机有一定的节能潜力。

能效提升措施如下所述。

• 可给风机配置变频装置，通过变转速调节流量，提升能效水平。

• 可将风机流量调节方式改为入口导流器调节或入口静叶调节或动叶调节，相对而言，经济性更好，能效水平更高。

风机机组流量调节方式诊断记录如表3-26所示。

表3-26　风机机组流量调节方式诊断记录

设备编号	流量调节方式	入口挡板开度	出口挡板开度情况	变频配置	评价
结论：					

（5）机组传动装置情况

诊断步骤如下所述。

第一步：现场查看风机和电机传动是否采用皮带传动（见图3-78），若为皮带传动则继续第二步；若为联轴器传动等其他传动时则结束。

第二步：查看皮带松紧度是否符合要求。

图3-78　现场查看传送装置（标识处为皮带）

判断方法：根据经验判断皮带是否松弛（一般设备停运时，用手按皮带，皮带有适当的张力）。

能效提升措施：皮带松弛时，建议企业调整传送轮中心距直至皮带松紧度合适。

风机机组传动装置诊断记录如表3-27所示。

表3-27　风机机组传动装置诊断记录

设备编号	连接方式	是否松弛	备注
结论：			

（6）机组群的控制方式情况

诊断步骤如下所述。

第一步：现场查看风机的总台数及投运台数，并记录。

第二步：现场查看或者询问企业人员流量需求变化情况。

第三步：现场查看或询问流量变化时风机机组群负荷变化策略并记录。

判断方法：若流量大幅变化时，没有启停风机，而是所有风机机组流量同步改变，具有节能潜力。

能效提升措施：通过配置风机机组群控制系统或者人工干预的方式，在流量需求改变时增减风机运行数量，尽量避免通过风机机组群中所有风机负荷同步变化满足流量需求。

控制方式诊断记录如表 3-28 所示。

表3-28　控制方式诊断记录表

风机机组群类型	设备台数	投运台数	变频配置	控制策略	评价
结论：					

3.2.3 风机系统能效诊断案例

3.2.3.1 诊断过程案例

本部分以某企业的现场诊断为案例对上述风机系统诊断内容进行介绍，主要包括基本信息收集、能效诊断与提升措施等方面。

（1）基本信息收集

某纺织企业配置 3 台风机，其中风机 1 和风机 2 的功率均为 90kW，分别为永磁变频风机和工频通风机，主要向工艺车间输送热空气，采用一用一备的运行模式。风机 3 为普通工频风机，功率为 560kW，尚未配置变频装置，主要是将烟气排入大气。由于风机 2 未运行，本次风机系统现场诊断主要针对风机 1 和风机 3 开展。风机系统流程如图 3-79 所示。风机机组额定参数如表 3-29 所示。

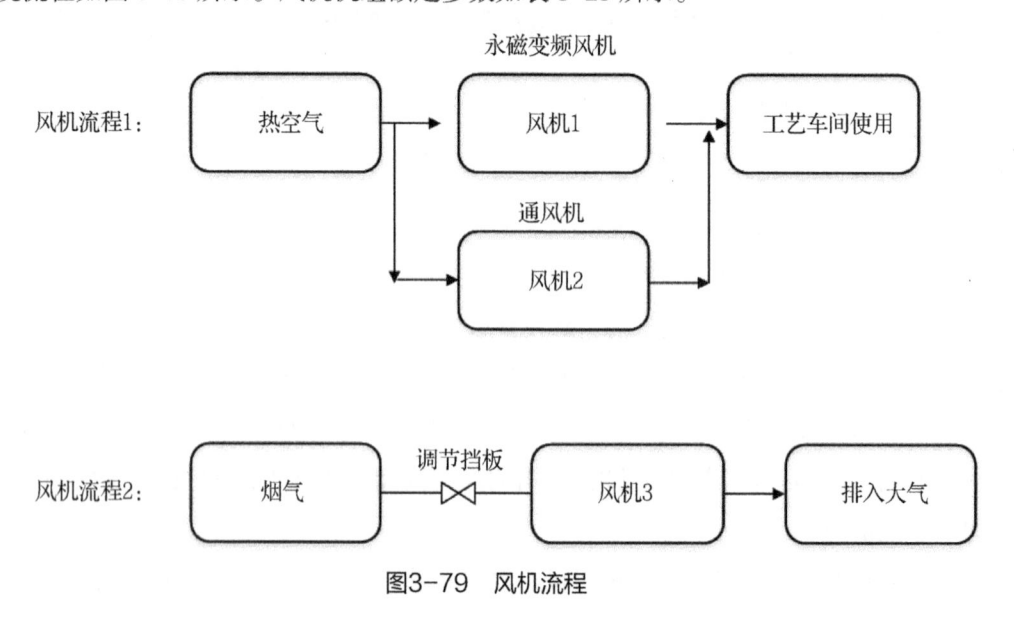

图3-79　风机流程

表3-29 风机机组额定参数

设备名称	介质	型号	型式	额定参数		能效等级	是否变频	出厂日期
风机1	热空气	风机 GC45-11	离心式	全压（Pa）	9343	/	是	2021.05
				流量（m³/h）	25950			
				转速（r/min）	3000			
				功率（kW）	90			
		电机 TYCP280M-8 B3	/	电压（V）	380	/		2021.04
				电流（A）	152			
				功率（kW）	90			
				功率因数	0.97			
				效率（%）	96.7			
				转速（r/min）	3000			
风机2	热空气	风机 GC45-9	离心式	全压（Pa）	9530	/	否	2012.08
				流量（m³/h）	26500			
				转速（r/min）	2970			
				功率（kW）	90			
		电机 Y280M-2	/	电压（V）	380	/		2012.07
				电流（A）	166.1			
				功率（kW）	90			
				功率因数	0.89			
				效率（%）	93.9			
				转速（r/min）	2970			
风机3	烟气	风机 VR50-1900 D/S1	离心式	全压（Pa）	9500	/	否	2020.07
				流量（m³/h）	135000			
				转速（r/min）	1480			
				功率（kW）	560			
		电机 YLV4005-4	/	电压（V）	380	/		2020.07
				电流（A）	977			
				功率（kW）	560			
				功率因数	0.91			
				效率（%）	/			
				转速（r/min）	1490			

（2）能效诊断与提升措施

淘汰机电设备情况：将3台风机的风机型号和电机型号与"高耗能落后机电设备（产品）淘汰目录"中的型号进行核对，得出这些设备均非淘汰机电设备的结论。风机、电机是否为淘汰机电设备诊断情况具体如表3-30所示。

表3-30　风机与电机淘汰机电设备诊断记录

设备编号	风机型号	电机型号	是否为淘汰机电设备	备注
风机1	GC45-11	TYCP 280M-8 B3	否	
风机2	GC45-9	Y280M-2	否	
风机3	VR50-1900 D/S1	YLV400 5-4	否	
结论：非淘汰机电设备				

机组选型匹配情况：根据所测量的风机1和风机3的电机电流，计算得到其电流偏差分别为29.9%和20.2%。其中，风机1为永磁变频设备，节能潜力较低；风机3运行稳定，电流变化幅度较小，且电流偏差超过20%，具有一定的节能潜力。风机机组容量匹配诊断记录如表3-31所示。

表3-31　容量匹配诊断记录

设备编号	额定电流（A）	运行电流（A）	电流偏差	运行负荷变化	评价	备注
风机1	152	108	28.9%	运行稳定，电流基本不变化	设备为永磁变频，节能潜力较低	
风机2	166.1	0	/	/	/	设备未运行
风机3	977	780	20.2%	运行稳定，电流基本不变化	具有一定节能潜力	
结论1：风机1为永磁变频风机，节能潜力较低						
结论2：风机3选型过大，具有一定节能潜力，建议可配置变频器						

机组运行状态情况：测量得到风机1和风机3的振动、轴温、泄漏情况并汇总，如表3-32所示。其中，风机1的振动情况良好、轴温正常，风机无泄漏；风机3的个别测点振动不合格，超过相关标准，轴温正常、风机无泄漏。

表3-32 风机机组运行状态诊断记录

设备	方向	单位	位置1	位置2	位置3	位置4	测点位置示意图
风机1	⊙	mm/s	2.1	2.4	3.2	3.4	备注：⊙轴向，⊥垂直，=水平
风机1	⊥	mm/s	1.7	1.5	2.8	4.2	
风机1	=	mm/s	2.2	1.9	2.5	5.3	
风机1	轴承温度	℃	38	42	40	39	
风机1	支承形式		挠性支承				
风机1	泄漏情况		风机本体及管道连接处无漏风				
结论：振动正常，轴温正常，风机无泄漏							
风机3	⊙	mm/s	5.9	/	17.2	16.4	备注：⊙轴向，⊥垂直，=水平
风机3	⊥	mm/s	26.1	/	24.8	5.4	
风机3	=	mm/s	26.5	/	6.5	11.3	
风机3	轴承温度	℃	39	52	58	36	
风机3	支承形式		挠性支承				
风机3	泄漏情况		风机本体及管道连接处无漏风				
结论：振动不合格，轴温正常，风机无泄漏							

机组流量调节方式：风机1为永磁变频风机，采用变频装置进行调节，节能潜力较低。风机3采用挡板调节流量，尚未配置变频装置，具有一定节能潜力。风机机组流量调节方式诊断记录如表3-33所示。

表3-33 风机机组流量调节方式诊断记录

设备编号	流量调节方式	入口挡板开度	出口挡板开度情况	变频配置	评价
风机1	变频装置	/	/	是	节能潜力较低
风机2	/	/	/	否	未运行
风机3	挡板调节	85%	100%	否	有一定节能潜力
结论：风机1已配置变频装置，节能潜力较低；风机3采用入口挡板调节，可通过安装变频装置实现节能					

机组传动装置情况：3台风机均采用联轴器进行传动，节能潜力较小。风机机组传动装置诊断记录如表3-34所示。

表3-34　风机机组传动装置诊断记录

设备编号	连接方式	是否松弛	备注
风机1	联轴器	/	
风机2	联轴器	/	
风机3	联轴器	/	
结论：联轴器连接，传动节能潜力较小			

机组群的控制方式情况：风机1与风机2采用一用一备运行方式，长时间运行采用风机1（永磁变频风机），节能潜力较低。控制方式诊断记录如表3-35所示。

表3-35　控制方式诊断记录

风机群组类型	设备台数	投运台数	变频配置	控制策略	评价
风机1与风机2	2	1	是，部分配置	一用一备	节能潜力较低
结论：风机1与风机2采用一用一备运行控制方式，且部分已配置变频装置，节能潜力较低					

（3）诊断结论

经诊断，该企业风机系统主要存在以下情况：风机3选型过大，且采用挡板调节流量，具有一定节能潜力，建议可配置变频装置；风机3机组振动不合格，建议加强风机3机组运行状态监测，若该风机机组比较重要，建议请专业人员进一步诊断，消除振动偏高问题。

该企业风机系统诊断结论汇总如表3-36所示。

表3-36　风机系统诊断结论汇总

序号	项目	诊断结果	采取措施
1	风机容量匹配性诊断	风机3选型过大，具有一定节能潜力	建议可配置变频器
2	风机淘汰设备诊断	非淘汰机电设备	无
3	风机运行状态诊断	风机1机组振动和轴温正常，无漏风等问题；风机3机组振动不合格，轴温正常，无漏风等问题	建议企业加强风机3机组运行状态监测，若该风机机组比较重要，建议请专业人员进行进一步诊断，消除振动偏高问题

续表

序号	项目	诊断结果	采取措施
4	传动装置诊断	均采用联轴器，节能潜力较低	/
5	流量调节诊断	风机3采用挡板调节，具有一定节能潜力	建议可配置变频器
6	控制策略诊断	已部分采用变频控制，节能潜力较小	/

3.2.3.3.2 节能改造案例

（1）项目介绍

某钢铁企业配置4套除尘风机系统，总装机容量为2715kW。其中，1套变频除尘风机系统功率为800kW，用于电炉和钢包精炼炉（Ladle Furnace，LF）的烟气输送；1套变频除尘风机系统功率为355kW，主要用于2台合金炉的烟气输送；1套工频除尘风机系统功率为280kW，主要用于2台气氧混合炉（Argon Oxygen Decarburization，AOD）的烟气输送；另外，还有一套变频屋顶二次除尘风机系统，功率为1280kW。

目前，该企业AOD炉的除尘风机仍为工频，能效较高，通过现场诊断分析了解到该风机系统工况变化较频繁，具有一定的节能潜力。

（2）改造方案

• AOD炉除尘风机变频系统改造。将AOD炉除尘风机由高压直启、工频运行方式改造为高压变频控制，在AOD炉交替使用过程中根据现场情况调整电机频率，降低风机的输入功率，从而实现按需调速。

• 风机智能优化控制系统改造。采用PLC控制系统将4套除尘风机系统的操作与监控集中，便于统一监控、操作。同时，加装联动设备，实现除尘设备与相应设备的同步实时调整。

以上节能改造项目总投资约65万元，可实现年节电490000kW·h，节约电费约35万元。

3.3 压缩空气系统能效诊断措施及典型案例

3.3.1 压缩空气系统基础知识

压缩空气系统作为一类重要的公共用能系统,在工业领域中被广泛应用,可满足生产工艺、操作气动工具和设备、气动仪表等需求,也被称为"第四公用设施"。随着现代工业的不断发展,压缩空气广泛应用于各行各业中的生产工艺场景。压缩空气系统的功率容量范围从小型系统的 1.5kW 到大型系统超过 15000kW。

据统计,工业领域中的压缩空气系统总能耗占工业用电总量的近 15%。在许多工业设施中,压缩空气系统作为公共用能系统是企业内的高能耗设备。相比于泵、风机等其他系统,压缩空气系统效率普遍偏低。根据美国能源部 2003 年工业用能报告的统计数据,压缩空气系统近 90% 以上的输入能量是以无法使用的热量、摩擦、误用和噪声等形式浪费掉,只有 5%~10% 的输入能量被真正有效利用,转换为压缩空气的动能。压缩空气系统桑基图如图 3-80 所示。

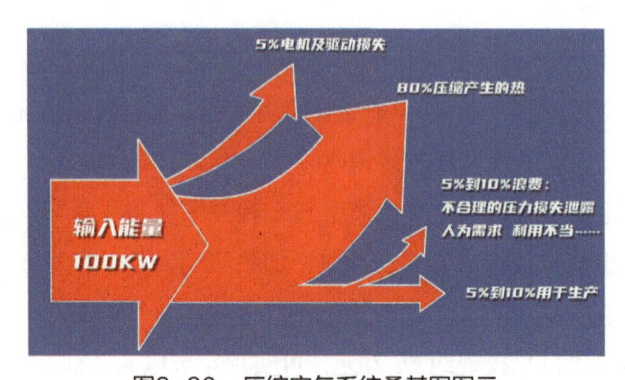

图3-80 压缩空气系统桑基图图示

根据工业效率技术数据库提供的资料,电机驱动的压缩空气系统效率最低可至 2%,最高也仅为 13%(见表 3-37)。因此,尽管空气是免费的,但压缩空气是企业中最贵的能源!

表3-37 压缩空气系统效率

能效水平	能效（%）		
	低	高	平均
低能效水平	2	5	3.5
中能效水平	4.8	8	6.4
高能效水平	8	13	10.5

值得注意的是，压缩空气系统的运行成本远远高于空压机设备投资成本（见图3-81）。一个管理得当的压缩空气系统可以节省能源，减少维护和停机时间，提升生产能力，提高产品质量。压缩空气系统的节能提效一般可以节省20%至50%甚至更多的电力消耗，从而节省企业综合能源成本。

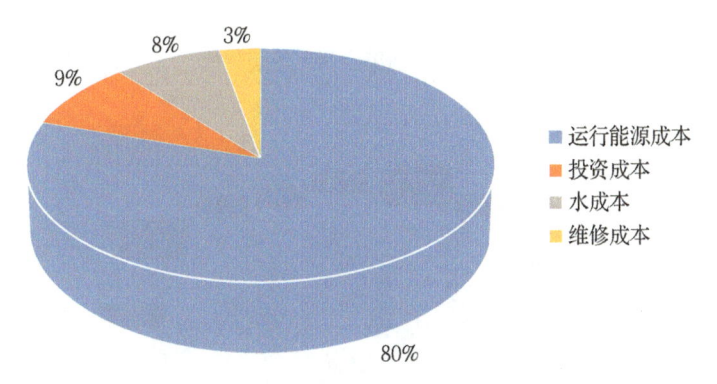

图3-81 压缩空气系统的全生命周期成本

3.3.1.1 压缩空气系统构成

压缩空气系统大致分为供应侧、输送网和用气侧三个部分，系统构成示意如图3-82所示。

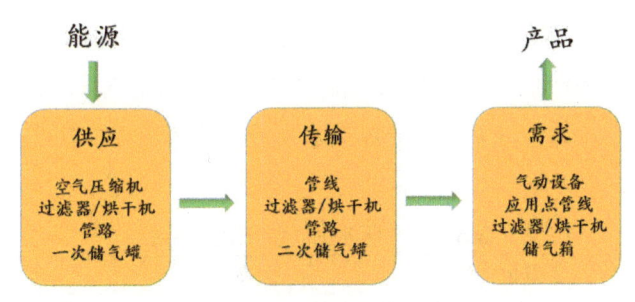

图3-82 压缩空气系统构成示意

压缩空气系统供应侧主要设备包括空气压缩机（含驱动电机）、过滤器、干燥机（烘干机）、储气罐和疏水阀等。输送网主要用来输送压缩空气，主要包括管线、二次储气罐等。用气侧主要包括气动设备、应用点管线、过滤器和储气罐等。图3-83是压缩空气系统简化框图，图3-84为典型的工业压缩空气系统及组件。

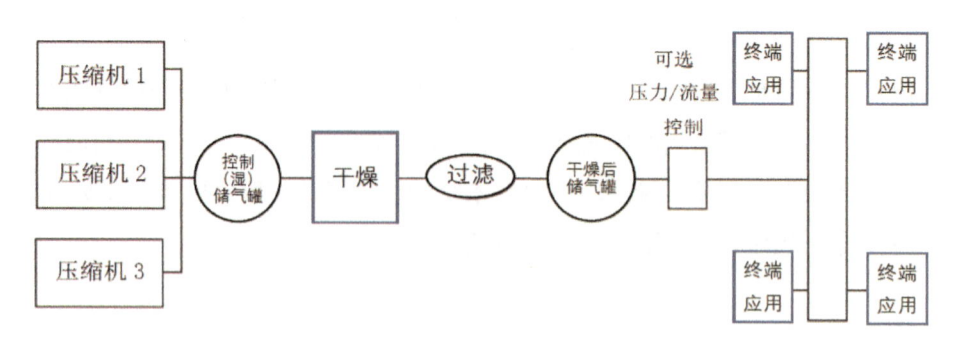

图3-83 压缩空气系统简化框

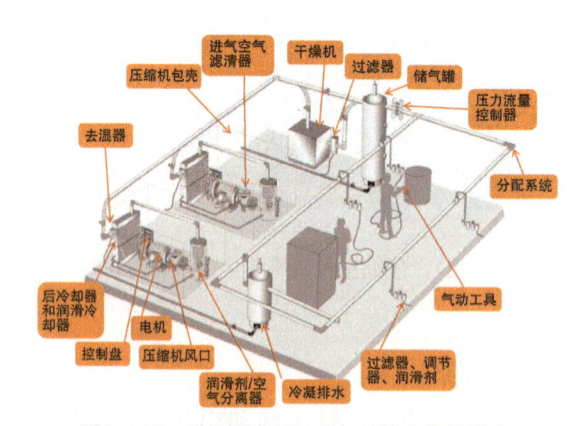

图3-84 典型的工业压缩空气系统及组件

压缩空气系统主要有3个关键参数，分别是系统供气压力、系统供气能力和系统气电比。其中，系统供气压力和供气能力是体现压缩空气系统能力方面的参数，系统气电比是体现压缩空气系统综合能效水平的参数（见表3-38）。

表3-38 压缩空气系统主要参数

序号	参数	参数定义解释	单位	数据来源
1	系统供气压力	压缩空气系统供气总管上的压力	MPa、Bar（公斤）	查看空压站储气罐上或供气总管上的压力表值

续表

序号	参数	参数定义解释	单位	数据来源
2	系统供气能力	压缩空气系统名义上最大供气流量	m³/min、m³/h	系统所含空压机组的容量之和
3	系统气电比	指压缩空气系统生产每标况立方米压缩空气所需要的电能	kW·h/Nm³（千瓦·时/标立方气）	某时间段内的压缩空气系统的累计耗电量和累计供气量的比值

3.3.1.2 压缩空气系统供应侧

压缩空气系统供应侧主要由空气压缩机、过滤器、干燥机、管路和一次储气罐组成，此供应侧等同于工业企业空压站。

（1）空气压缩机

空气压缩机是用于压缩气体的设备，简称"空压机"。空气压缩机就是提供气源动力，是气动系统的核心设备，它是将原动的机械能（通常是电动机或柴油机）转换成气体压力能的装置，是压缩空气的发生装置。表3-39列出部分主要工业领域的压缩空气应用。

表3-39 工业领域压缩空气应用

序号	行业	应用案例
1	制衣	输送、夹紧、工具驱动、控制和执行、自动化设备
2	汽车	工具动力、冲压、控制、成型、输送
3	化工	输送、控制和执行
4	食品	脱水、装瓶、控制和执行机构、输送、喷涂涂层、清洁、真空包装
5	家具	空气活塞动力、工具驱动、夹紧、喷涂、控制
6	通用制造	夹紧、冲压、工具驱动和清洗、控制
7	伐木与木材	锯、提升、夹紧、压力处理、控制
8	金属制造	装配站动力、工具动力、控制和执行机构、注射成型、喷涂
9	石油	过程气体压缩、控制
10	一次金属	真空熔炼、控制和执行、提升
11	纸浆和造纸	输送、控制
12	橡胶和塑料	工具冲力、夹紧、控制和执行机构、成型、模压、注射成型
13	矿石、黏土和玻璃	输送、混合、控制和执行机构、玻璃吹塑、冷却
14	纺织	搅拌液体、夹紧、输送、自动化设备、控制和执行机构、喷气织机、纺纱、变形

① 空压机分类。

空压机从压缩工作原理上分为容积式空压机和动力式（速度式）空压机。容积式空压机又分为活塞式空压机和旋转式空压机，动力式空压机可分为离心式空压机和轴向式空压机，如图 3-85 所示。

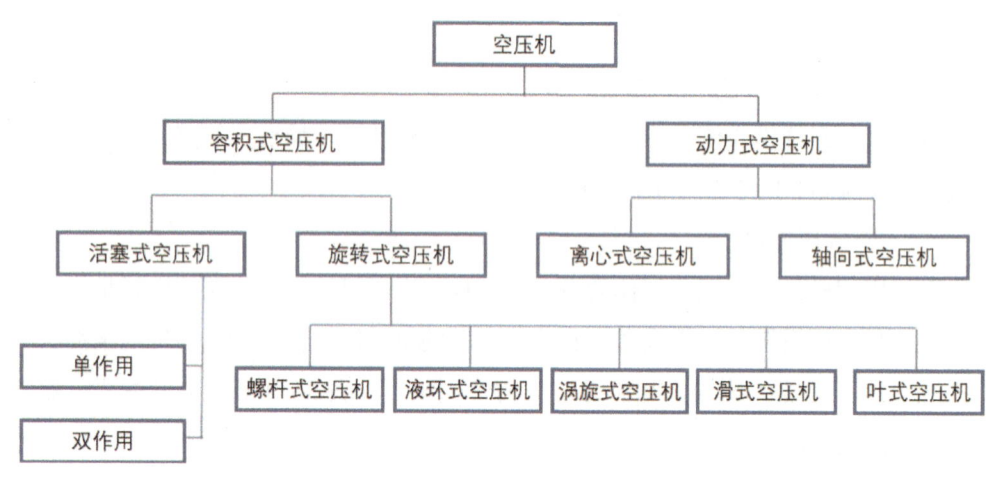

图3-85　空压机工作原理分类

容积式空压机工作原理：依靠改变气体容积来提高气体压力。容积式空压机运行过程：空气被吸入压缩腔后，腔体与进气口分隔，成为封闭容积。然后随容积缩小，空气被压缩，当压力达到与排气管处的压力有相同数量时，气阀打开，排出压缩空气。

容积式空压机又分为活塞式空压机和旋转式空压机，而螺杆式空压机是旋转式空压机中常用的一类。在工业领域中，活塞式空压机和螺杆式空压机应用比较广泛。活塞式空压机和螺杆式空压机典型设备样式如图 3-86 和图 3-87 所示。

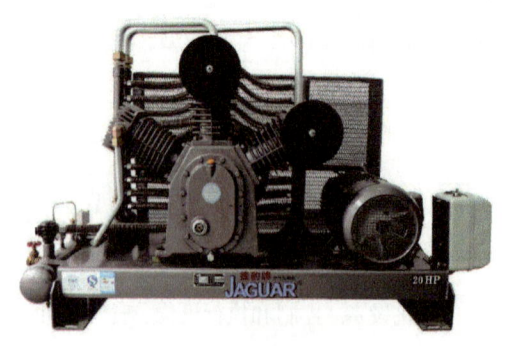

图3-86　活塞式空压机

图3-87　螺杆式空压机

动力式空压机工作原理：依靠高速旋转的叶片使通过它的气体加速，从而将速度能转化为压力。动力式空压机运行过程：空气被吸到高速旋转的压缩叶轮中去，速度提高，然后气体通过扩压器排出，经扩压器，气体的动能转变为压力。

动力式空压机有轴流式与离心式两种。在工业领域中，离心式空压机应用较为广泛。离心式空压机适用于容量大、负荷稳定的压缩空气系统。典型的离心式空压机如图3-88所示。

图3-88 离心式空压机

除上述的按照工作原理分类外，空压机的分类还可从压力等级、压缩级数、润滑方式、性能和冷却方式等维度进行分类，具体分类如表3-40所示。

表3-40 空压机不同维度分类（除工作原理）

序号	分类维度	具体类别
1	压力等级	低压空压机（排气压力≤1.3MPa） 中压空压机（排气压力1.3～4.0MPa） 高压空压机（排气压力4.0～40MPa）
2	压缩级数	单级空压机、两级空压机和多级空压机
3	润滑方式	有油空压机和无油空压机
4	性能	低噪声空压机、变频空压机和防爆空压机等
5	冷却方式	风冷式空压机和液冷（水冷）式空压机

② 空压机选型。

空气压缩机主要根据用气需求的压力等级和容量来选型，不同类型的空压机压力与容量适用范围见表3-41。

表3-41　不同类型的空压机压力与容量适用范围

压缩机类型	容量（m³/h）	压力（bar）
活塞式	—	—
－单级/两极	100~12000	0.8~12
－多极	100~12000	12~700
螺杆式	—	—
－单级	100~2400	0.8~13
－两级	100~2200	0.8~24
离心式	600~300000	0.1~450

目前工业领域应用比较广泛的三类空压机类型分别是活塞式、螺杆式和离心式，它们的特性比较见表3-42。

表3-42　活塞式、螺杆式和离心式空压机的特性

特性项	活塞式	螺杆式	离心式
满载时效率	低	中	高
部分负载时效率	因分级而高	低：低于60%的满载负荷时差	低：低于60%的满载负荷时差
空载效率（功率占满载的百分比）	10%~15%	30%~70%	20%~30%
噪声水平	嘈杂	封闭则安静	安静
尺寸	大	紧凑	紧凑
震动	强烈	几乎无	几乎无
维护	磨损部件多	非常少的易损件	对空气中的灰尘敏感
容量	低—高	低—高	中—高
压力	中—非常高	中—高	中—高

③空压机主要参数。

空压机设备的性能参数主要包括额定排气压力、额定容积流量、额定功率、比功率和能效等级。其中，额定排气压力、额定容积流量和额定功率均为空压机设备的能力参数，比功率和能效等级是空压机设备衡量能效水平参数。空压机重要参数如表3-43所示。上述的空压机主要参数一般可在空压机机组的铭牌上获取，如某台螺杆式空压机的铭牌如图3-89所示。

表3-43 空压机重要参数

序号	参数	参数定义解释	单位	数据来源
1	额定排气压力	机组额定工况下的空压机出口压力	MPa、Bar（公斤）	设备铭牌
2	额定容积流量	机组额定工况下的空压机供气流量	m^3/min、m^3/h	设备铭牌
3	额定功率	额定工况下的空压机完成压缩空气输出所需总的输入功率	kW、Hp	设备铭牌
4	比功率	额定工况下空压机组的输入功率与机组容积流量的比值	kW/（m^3/min）	设备铭牌/计算
5	能效等级	空压机的能效等级分为3级，其中1级能效最高	—	能效标识/根据机组型号查

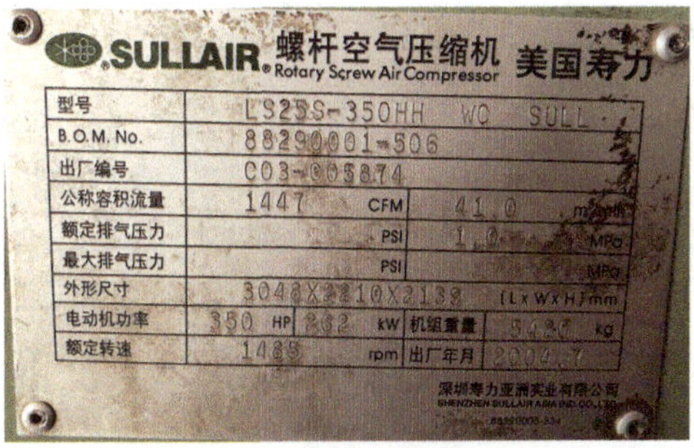

图3-89 空压机铭牌（示例）

④ 空压机能效提升。

空压机是整个压缩空气系统的关键设备，它的能耗一般占整个压缩空气系统总能耗的90%以上，因此，空压机的设备的能效水平基本决定整个压缩空气系统的能效水平。目前，我国空压机设备的能效等级分为三个能效等级，1级能效、2级能效和3级能效。根据经验，同类型的1级能效空压机比3级能效空压机平均节能15%，同类型的1级能效空压机比2级能效空压机平均节能5%。

（2）干燥机

干燥机是压缩空气系统中压缩空气的后处理设备之一，主要功能为净化和干燥压缩空气。压缩空气在离开冷却器和气水分离器时通常为饱和的，当它通过输送管道时，会进一步辐射冷却，在压缩空气中形成有害的凝结水，其会腐蚀和污染后端的用气设备，但是适当使用压缩空气干燥机可避免该问题。

压缩空气干燥机根据干燥原理分为吸附式干燥机、冷冻式干燥机、吸收式干燥机和膜干燥机。干燥机的选型应从露点要求、运行能耗、除水效率、采购成本和维护成本等维度综合考虑。主要类型干燥机的特性见表3-44。

表3-44 主要类型干燥机的特性

项目	吸附式干燥机		冷冻式干燥机	吸收式干燥机	膜干燥机
	加热再生式	无热再生式			
空气处理量（Nm³/min）	< 100		0.3~400	0.03~400	< 6
机体尺寸	大	较大	中	较小	小
结构及工作特点	双塔，长周期循环、再生能源为外热和压缩空气	双塔，短周期循环，需消耗压缩空气	制冷循环，空气热交换器，自动排水	单塔，无动力机构，定期排放和添加吸收材料	小规模，无动力机构
工作原理	变温吸附	变压吸附	冷凝结露	吸湿潮解	渗透膜分离
出口露点℃（0.7MPa）	−40 ~ −20	−70 ~ −40	2~10	比进口温度低12℃	5~15
露点稳定性	逐渐升高	好	好	逐渐升高	好
运行能耗	大	较大	小	无	无
进气质量要求	油：< 0.1ppm 无液态水		无特殊要求	无特殊要求	除油、除液态水、除尘
后置过滤器	需装后置粉尘过滤器		按工艺要求配置	不需要	不需要
压力降	< 0.015MPa		< 0.025MPa	小于进气压力的1%	小
负荷性能	低压下露点升高	低压下再生气耗增大，露点升高	低压下露点升高	基本不受压力影响	基本不受压力影响
日常维护	2~3年更换吸附剂		定期检查排水器	定时排放吸收剂溶液	不需要
环境排放物	湿空气	湿空气	油水混合凝结液	有腐蚀性的吸收剂溶液	湿空气
初成本	高	较高	较高	低	较高
运行成本	高	较高	较低	低	高

吸附式干燥机和冷冻式干燥机设备分别如图3-90和图3-91所示。

图3-90　吸附式干燥机　　　　　　图3-91　冷冻式干燥机

　　随着技术的发展与创新，高效节能的零气耗吸附式干燥机正在逐步替代原有的吸附式干燥机。零气耗吸附式干燥机的基本原理与传统变温吸附工艺类似，特点是在吸附过程中不产生压缩空气损耗。目前，零气耗吸附式干燥机主要分两类，鼓风热吸附式和余热吸附式（压缩热吸附式），余热吸附式干燥机利用空压机的压缩空气余热进行再生，不需要鼓风机和加热器参与再生流程，没有加热器及鼓风机的功耗，同时减少因鼓风机和加热器带来的设备故障率。余热吸附式干燥机设备如图3-92所示。

图3-92　余热吸附式干燥机

在工业领域压缩空气干燥机应用中,吸附式干燥机目前应用的比重越来越高,而零气耗吸附式干燥机作为近几年节能改造中的首选设备,对比微热再生吸附式干燥机和无热再生吸附式干燥机,零气耗吸附式干燥机节能效果明显,基本没有压缩空气的损耗。压缩空气干燥机采用零气耗吸附式干燥机平均节能率为10%以上。

(3)过滤器

在压缩空气的处理设备中,过滤器作用是通过多孔过滤材料将压缩空气中的液态水、液态油滴分离出来,并滤去空气中的灰尘和固体杂质,但不能除去气态的水和油。

压缩空气系统根据空气纯度的要求,选用不同的过滤水平和类型的过滤器,包括用于去除固体颗粒的微粒过滤器,用于去除润滑剂和水分聚结的过滤器,以及用于味觉和气味的吸附剂过滤器。个别系统还需要额外的过滤以满足特定最终用途的要求。根据过滤水平分类,空气过滤器分为粗效过滤器、中效过滤器和高效过滤器,一般建议选用带滤芯堵塞指示的过滤器。

空气过滤器如图3-93所示。

图3-93 空气过滤器

在过滤器装置的正常运行维护中,应重点关注过滤器的压降是否在合理区间,如果压差过大,及时清洗滤网或更换滤芯,尽量减少装置压降过大造成的能源消耗损失,至少每年检查一次。

（4）储气罐

压缩空气系统中的储气罐主要用于提供压缩空气储存，以满足高峰需求，并通过控制系统压力变化率协助控制系统压力。合理的储气量可以提高压缩空气系统的效率和稳定性，对于压缩空气流量需求变化较大的系统，储气罐特别有效。当峰值处于间歇状态时，大型空气储气罐可允许使用较小的空压机，并可使容量控制系统更有效地运行并提高系统供气效率。

适当容量的空气储气罐在协调系统控制方面也起着至关重要的作用，提供启动或避免启动备用空气压缩机所需的时间。一般储气罐的容量由空压机的容积流量（产气量）来决定的，一般原则是按照气量的10%~15%来选配，可以根据工况适当放大一些。例如，10立方米每分钟的空压机可以选择2立方米左右的储气罐。储气罐如图3-94所示。

图3-94 储气罐

储气罐的合理容量设计对于压缩空气系统相当重要，特别是对峰值波动较频繁的系统，通过增大储气罐容量可减少空压机设备的容量，进而节省空压机设备的建设投资。

（5）疏水阀

一般在压缩空气输送过程中，由于辐射冷却作用产生冷凝水，疏水（排水）指从压缩空气系统中去除冷凝水，疏水阀可用于控制排出冷凝水。

建议采用零气耗自动疏水阀，防止通过打开的旋塞和阀门浪费压缩空气，节省能源。维修不善的疏水阀会导致大量的压缩空气浪费。

手动疏水阀与零气耗自动疏水阀的样式如图3-95和图3-96所示。

图3-95　手动疏水阀 　　　　　　图3-96　零气耗自动疏水阀

零气耗疏水阀不仅运行可靠，而且效率很高，排冷凝水时几乎没有压缩空气浪费。此项改造投资回收期长短主要取决于能减少多少漏气量，并由压力、运行时间、漏气的实际规模和电力成本等因素决定。

（6）余热回收设备

据不完全统计，工业领域中输入空压机的电能中，超过80%的能源转化为压缩空气中的热能，这部分热能通过风冷或水冷的方式排入大气中。通过空压机专用余热回收装置可回收这部分热量，并可用于生产热水、热空气及企业生产工艺中的低温加热。

空压机热回收装置按热源的介质分类可分为油路回收型和气路回收型，主要依据空压机的类型进行选型配置，离心式空压机余热回收装置的设计换热量可按机组额定功率的80%来设计，而螺杆式空压机余热回收装置的设计换热量可按机组额定功率的70%来设计。

油路回收型和气路回收型的空压机余热回收装置分别如图3-97和图3-98所示。

图3-97　油路回收型热回收装置 　　　　图3-98　气路回收型热回收装置

高效的空压机余热回收设备的回收效率可达 80% 以上，其余热回收的节能效益需要分析所回收的余热的利用方式，高效益的空压机余热回收应用场景是将空压机余热用于工业企业生产工艺的加热工序，来减少或替代原加热所使用的能源，如电力、蒸汽和天然气等。目前，市面上的空压机余热回收利用项目的平均投资回收期在 1.5 年以内。

3.3.1.3 压缩空气系统输送网

压缩空气系统输送网主要包括输送管网、二次储罐、过滤器等设备。压缩空气系统的输送管网用于压缩供气的输送与流量分配，将压缩空气从空压站（供气侧）输送到生产车间需要的最终使用点。

压缩空气系统输送管网的选型要根据设计流量，选择合适的管径；根据工厂内的空气质量等环境情况，选择合理的管线材质；根据用气端的分布情况，优化设计管网布局形式。管网一般建议采用闭环系统，要求所有管道都倾斜到可到达的排水点。

压缩空气输送管网的能效提升关键是尽量降低管网压力损失。对于不合理的管径、管长压缩空气输送管网，应重新优化设计，确保管网压损最小化，提高压缩空气系统的能效。

3.3.1.4 压缩空气系统用气端

压缩空气系统用气端主要设备为气动设备、应用点管线、过滤器、干燥机、储气箱等。压缩空气的最终用途包括驱动气动工具、包装、自动化设备和输送机等。

与电动工具相比，气动工具更小、更轻、更机动。它们能提供平滑的动力，不会因超载而损坏。气动工具具有无级变速和转矩控制能力，并能很快达到所需的速度和转矩。它们通常出于安全而被选中，因为它们不会产生火花，而且热量积累也很低。尽管气动工具有许多优点，但它们的能效远低于电动工具。气动工具的能源成本是电动工具的 7~8 倍，才能产生与电动工具相同的机械输出。

压缩空气系统的压力等级主要是满足末端的用气需求，因此末端用气设备的工作压力决定了压缩空气系统的供气压力，是提升压缩空气能效的一个关键点。因此，应该尽量选用低压力和节能型的气动设备，特别是用于吹扫气枪或喷嘴，应尽量选择有效面积更大、压力损失更小的节能系列设备。

用气端选用低压、高效、节能型气动设备，不仅可降低压缩空气系统的供气压力需求，还可明显减少用气量，节能效益由减少的压力和气量决定，投资回收期一般 1 年以内。

3.3.1.5 压缩空气系统节能路径

压缩空气系统节能是一项系统性工程,从压缩空气系统的运行物理原理特性出发,压缩空气系统的节能路径主要分为五个维度,分别为削减供气流量、降低供气压力、提高空压机设备能效、缩短用气时间和压缩余热回收,五个维度的节能路径措施见表3-45。

表3-45 压缩空气系统节能路径与措施

序号	节能路径	具体节能措施
1	削减供气流量	减少压缩空气的泄漏,采用零气耗干燥机,选用节能型喷嘴,停止搅拌用气,隔离废弃或停用设备供气等
2	降低供气压力	摘出低用气量的高压需求设备,减少供气输配管网的压力损失,降低各类压缩空气处理装置的压降,末端选用低压需求设备等
3	提高空压机设备能效	采用变频永磁螺杆空压机,多螺杆空压机改离心空压机,活塞式空压机改螺杆空压机等
4	缩短用气时间	停机断气,吹气连续改间歇,缩短吹气距离等。
5	压缩余热回收	喷油螺杆式空压机油路余热回收,离心式空压机多级气路余热回收,选用压缩热吸附式干燥机等。

3.3.2 空气压缩系统能效诊断措施

3.3.2.1 压缩空气系统收资

(1)系统流程图

根据企业的压缩空气系统现场具体情况,画出该企业的压缩空气系统简要流程图,如图3-99所示。

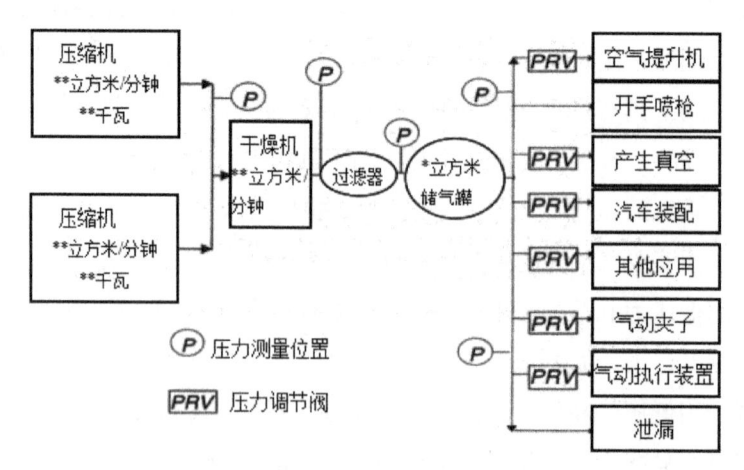

图3-99 压缩空气系统流程

(2)系统基本信息

通过现场查看和问询企业相关人员，收集压缩空气系统的基本信息。基本信息包括空压机设备、干燥机、储气罐、管网的主要性能参数和运行数据，不同型号设备应分别填写。压缩空气系统基本信息如表3-46所示。

表3-46 压缩空气系统基本信息

空压机（按照型号逐类填写）		
项	内容	数据来源说明
型号		设备铭牌
额定供气压力（MPa）		设备铭牌
额定容积流量（m^3/min）		设备铭牌
额定输入功率（kW）		设备铭牌
比功率（kW/（m^3/min））		设备铭牌
能效等级	□1级；□2级；□3级	设备铭牌/设备能效等级标识
制造商		设备铭牌
生产日期		设备铭牌
压缩机类型	□活塞式；□螺杆式；□离心式；□其他（请说明）	设备铭牌
润滑类型	□有油；□无油	设备铭牌
冷却方式	□空冷；□水冷	现场查看/设备铭牌
压缩级数		设备铭牌
台数		现场查看/问管理人员
是否有热回收	□是；□否	现场查看/问管理人员
干燥机		
干燥器类型	□冷冻式；□吸附式（　　）；□吸收式；□膜；□其他（　　）	设备铭牌
压力露点（℃）		设备铭牌
规定露点空气处理能力（m^3/h）		设备铭牌
压降（MPa）		查前后压力表计算
储气罐		
储气容量		设备铭牌
工作压力		设备铭牌
空压站房		
外部环境温度（℃）		现场查看
进气温度（℃）		现场查看

续表

空压机（按照型号逐类填写）		
通风	□强迫；□非强制	现场查看/问管理人员
管网		
管道直径（mm）		现场查看/问管理人员
管道长度（m）		现场查看/问管理人员
管道压降（MPa）		查前后压力表计算
过滤器压降（MPa）		查前后压力表计算

3.3.2.2 供气侧（空压站）能效诊断

（1）淘汰设备诊断

诊断步骤如下所述。

第一步：查看并记录压缩空气系统中所有空压机和配套电机型号。

第二步：核对空压机和电机型号是否在"高耗能落后机电设备（产品）淘汰目录"内。

判断方法：将记录的空压机和电机型号与"高耗能落后机电设备（产品）淘汰目录"对照，如型号在淘汰目录内，则该设备属于淘汰设备。淘汰设备诊断如表3-47所示。

表3-47 淘汰设备诊断

设备编号	空压机型号	电机型号	是否为淘汰空压机	是否为淘汰电机	备注
结论：					

能效提升措施：停止使用并将淘汰设备更换为容量、供气压力合适的高效空压机机组。

（2）空压机设备能效水平诊断

诊断步骤如下所述。

第一步：在空压机的铭牌上查看其生产使用年限。

第二步：在空压机设备的能效标识上获取机组输入比功率及能效等级。当设备上无能效等级标识，也无比功率数值时，可通过网络查阅或咨询厂家获取该型号设备的比功率及能效等级。

判断方法：空压机设备使用的时间越长，机组效率下降越明显，设备能耗增高。原则上使用年限 10 年以上的空压设备应升级换代。1 级能效设备比 3 级能效设备节能 15% 左右，1 级能效设备比 2 级能效设备节能 5% 左右。具体参考 GB 19153—2019《容积式空气压缩机能效限定值及能效等级》或使用绿色国网能效工具库中的压缩空气系统能效等级及限定值查询小工具，查询同功率、压力级别及冷却方式下的该类型空压机的能效等级及对应的比功率限定值。

更换高效空压机设备的估算节能率计算公式：

$$节能率 = \frac{原比功率 - 新比功率}{原比功率} \times 100\%$$

能效提升措施：将原老旧、低能效等级、低效率的空压设备更换成 1 级能效的高效空压机设备。

（3）空压机运行控制模式诊断

① 单台空压机加卸载运行。

诊断步骤如下所述。

第一步：通过多次的加卸载循环计时；加卸载状态在机组监控屏上显示状态或听机组的运行声音判断（加载时噪声大）。

第二步：计算该设备的平均加卸载时间。

第三步：查询操控屏中机组的累计运行时间和加载时间，计算设备的负载率，并核实实测数据的准确性。

机组操控屏示例如图 3-100 所示，现场加卸载计时示例如图 3-101 所示。

图3-100 机组操控屏　　图3-101 现场加卸载计时示例

判断方法如下所述。

加卸载控制的空压机机组负载率计算公式：

$$负载率（\%）= \frac{平均加载时间}{平均加载时间+平均卸载时间} \times 100\%$$

采用空压机机组操控屏中的累计运行时间和加载时间计算负载率时，运行时间就是加载时间和卸载时间之和，负载率计算公式如下：

$$负载率（\%）= \frac{累计加载时间}{累计运行时间} \times 100\%$$

加卸载控制的容积式空压机，卸载待机时仍以机组额定负载功率的30%~70%运行，机组卸载时段的运行能耗是可以节省的。加卸载运行空压机机组的负载率小于80%的则判断该空压机存在一定的能效提升潜力。

加卸载机组的预估年节能量计算公式：

$$年节能量 = 卸载功率 \times 年运行时间 \times （1-负载率）$$

能效提升措施：针对负荷变化大的加卸载空压机，建议增设调速驱动器或更换变频空压机组、更换合适的小容量机组，平均节能率20%以上，具体节能量视机组的负载率、卸载功率和机组年运行时间而定。

② 多台空压机运行。

诊断步骤如下所述。

第一步：了解并查看系统的控制模式，明确多台空压机是独立手动控制还是智能自动群控。

第二步：了解不同负荷需求下的压缩空气系统的运行模式，包括模式下空压机的运行台数和每台设备的运行情况（加卸载率、变频频率）。

第三步：分析系统的运行控制模式是否最优。

判断方法：将实际多台的空压机机组运行与控制模式与最优多机组控制策略做对比分析，差距越大，节能改造空间就越大。

多机组供气系统的最优控制策略：根据实际末端用气负荷逐台开启设备、优先考虑开启能效高或具备变频调速功能的机组，直到开启台数的供气量满足用气负荷需求，并指定一台设备状况好、能效水平高的具有变频调速功能的设备用于负荷调整；在系统需求气量较大的情况下，空压机组运行配置应采用离心式空压机加变频螺杆式空压机最优运行配置组合。

能效提升措施：针对现有的多机组运行控制方式，采用智能群控技术实现系统在满足负荷需求下的最优控制策略；对于需求气量大的系统，建议采用离心式加变频螺杆式空压机最优运行组合。具体节能率视原运行与控制模式而定。

（4）空气处理附件诊断

① 干燥机诊断。

诊断步骤如下所述。

第一步：查看干燥机的类型与型号参数。

第二步：询问企业相关人员压缩空气的压力露点要求。

干燥机现场诊断如图3-102所示。

图3-102　干燥机现场诊断

判断方法：根据干燥机类型特性对比判断所配置的干燥机在满足压力露点需求前提下是否为最经济节能的选型；根据干燥机类型，预估压缩空气在干燥机中的损耗量（以损耗率衡量）。

不同类型干燥机的压缩空气损耗率统计如表3-48所示。

表3-48　不同类型干燥机的压缩空气损耗率统计

序号	类型	压缩空气平均损耗率
1	冷冻式干燥机	0%（无气损）
2	加热吸附式干燥机	7%
3	无热吸附式干燥机	15%
4	鼓风热吸附式干燥机	0%（无气损）
5	压缩热吸附式干燥机	0%（无气损）

能效提升措施：选用可将压力露点调至最大与最有效能的干燥机。必须使用吸附式干燥机时，选用零气耗吸附式干燥机；有余热条件的应选用更节能的压缩热吸

附式干燥机。将无热吸附式干燥机替换成压缩热吸附式干燥机预计节能率达15%。

② 疏水装置诊断。

诊断步骤如下所述。

第一步：沿压缩空气系统气路查看管路中的疏水装置类型。

第二步：查看系统排冷凝水方式，是否存在手动打开的疏水阀直通排气来排除冷凝水的情况。

判断方法：要求疏水装置选用零气耗型自动疏水阀，不满足的存在一定的节能改造空间。

能效提升措施：为除去系统中的冷凝水，打开疏水阀的持续排水是企业常用的做法，但排水的同时会导致大量的压缩空气泄露，造成能源浪费。零气耗疏水阀运行可靠，同时效率很高，排冷凝水时几乎没有压缩空气浪费。回收期长短得看能减少多少漏气量，并由压力、运作时数、漏气的实际规模和电力成本等因素决定。

③ 过滤器诊断。

诊断步骤如下所述。

第一步：查看压缩空气系统中的各个过滤器的型号规格。

第二步：查看过滤器的前后压力并记录。

第三步：计算过滤器的实际压降。

过滤器现场诊断如图3-103所示。

图3-103　过滤器现场诊断

判断方法：对此过滤器实际压降与其标准规范压差值（经验值为0.1MPa），过滤器实际压降大于该值的，判断此过滤器压降过大，需要清洗或更换滤芯。如果过滤器带堵塞指示，直接查看指示表盘。

带堵塞指示的过滤器如图3-104所示。

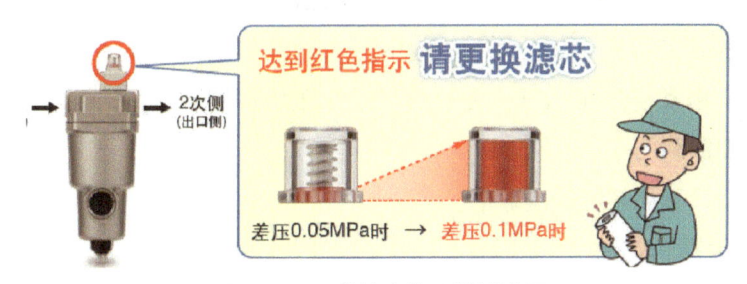

图3-104　带堵塞指示的过滤器

能效提升措施：监测过滤器的前后压差，定期清洗或更换滤芯，至少一年更换一次，或使用带滤芯堵塞指示的过滤器，避免出现严重堵塞造成能耗上升。

（5）空压机进气温度诊断

诊断步骤如下所述。

第一步：查看空压机的入风口位置。

第二步：使用温度计测量入口风温，测量室外的温度。

第三步：当空压机位于室内，查看室内有无冷却或通风措施。

现场使用热电偶测入口风温和室外温度，如图3-105和图3-106所示。

图3-105　测入口风温　　　　图3-106　测室外温度

判断方法：空压机的入口温度比室外温度高3℃以上，且无冷却或通风措施，具备一定的节能潜力。

能效提升措施：通过改变入风口位置或增设冷却通风等措施降低空压机的入风温度。根据经验，每降低3℃的进气温度可省下空压机1%左右的能耗。

（6）系统泄漏量测试

诊断步骤如下所述。

第一步：对于具有启动/停止或加卸载控制的压缩空气系统，系统泄漏量测试要求在所有压缩空气应用终端设备均关闭。

第二步：启动空压机运行，并测试记录空压机加卸载时间，要求8~10次测量计算空压机加卸载的平均时间。

第三步：计算该系统的泄漏率。

系统泄漏率计算公式：

$$系统泄漏率（\%）= \frac{平均加载时间}{平均加载时间 + 平均卸载时间} \times 100\%$$

判断方法：泄漏率大于10%以上的，初步判断该压缩空气系统具备泄漏检测与治理的节能潜力。绿色国网能效工具库中的压缩空气系统泄漏计算工具可用于压缩空气系统泄漏测试的结果，包括系统泄漏率、单位时间泄漏量和泄漏成本。

能效提升措施：一个泄漏维护管理良好的压缩空气系统，其泄漏率应小于5%。维修不善的系统可能泄漏高达20%甚至30%的压缩空气额定容量。因此，企业应定期开展压缩空气系统泄漏检测，及时修复泄漏点，将压缩空气系统的泄漏率保持在合理范围内，避免泄漏造成能源浪费。

（7）热回收应用诊断

诊断步骤如下所述。

第一步：查看空压机机组型号参数。

第二步：查看空压机机组的冷却方式。

第三步：了解企业是否存在用热需求，用热需求端的热负荷情况及与空压站的空间距离等。

判断方法：一般而言，空压机的热回收设备可以产生80℃~90℃热水通过保温管道送往各用热点。压缩空气系统压缩热回收利用较典型应用场景主要包括集中供热、工业过程加热、恒温除湿和锅炉补水预热等。如果企业存在上述余热应用场景，同时空压站内具备改造空间条件，且用热点距离空压站距离合理，初步判断该企业的空压机存在余热回收应用的潜力。

能效提升措施：在企业存在空压机余热回收应用潜力的情况下，根据企业的用热负荷需求，配套相应的空压机高效余热回收设备，对机组设备进行余热回收改造，将余热用于企业生产工艺用热或生活用热，实现余热高效利用。一般来说，一台每小时 170 立方米容量的风冷螺杆式空压机配套的余热回收系统，每小时大约能回收 1800 克标煤热单位（gce）的热量。

3.3.2.3 管网侧诊断

（1）管网布局诊断

① 同压力等级独立系统诊断。

诊断步骤如下所述。

第一步：询问了解企业压缩空气系统的布局。

第二步：逐个查看独立的压缩空气系统站房及供气范围。

第三步：查看各独立压缩空气系统中设备运行情况，按之前的计算方法计算各系统设备的负载率。

判断方法：如果企业存在 2 个及以上的独立运行、相同压力等级的压缩空气系统，且各独立系统的空压机负载率低于 70%，则存在较大的节能改造潜力。

能效提升措施：将相同压力等级的独立多个压缩空气系统联网形成一个系统，并将原各系统的空压机进行联网群控。该能效措施在减少空压设备运行台数的同时提升空压设备负载率，进而提高系统能效。

同压力等级的独立多个压缩空气系统联网优化改造如图 3-107 所示。

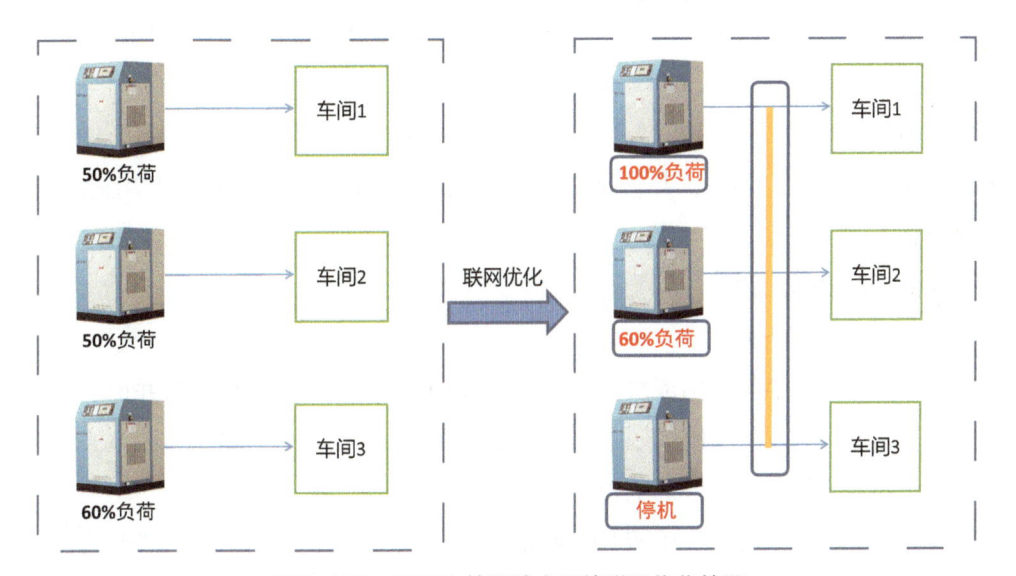

图 3-107　同压力等级独立系统联网优化效果

② 不合理管网形式诊断。

诊断步骤如下所述。

第一步：沿着供气管网查看主管网的布局形式。

第二步：查看各支管的接入方式。

第三步：查看车间用气点的分布情况。

判断方法：了解并查看压缩空气系统主管网形式，是否存在明显不合理的管网形式，如未设计成环网、管路接入混乱等。如图 3-108、图 3-109 所示。存在上述不合理管网形式的，存在管网优化改造的节能潜力。

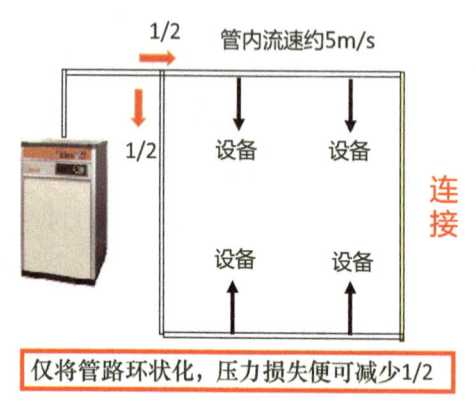

图 3-108　未设计成环网

图 3-109　管网接入混乱

能效提升措施：找出压缩空气系统中不合理的管网形式，特别是未设计成环网和管路接入混乱等问题点，并整改设计，减少网管带来的压损，进而减少压缩空气系统能耗。

（2）管网压降诊断

诊断步骤如下所述。

第一步：沿着供气管网依次查看供气管网上的压力表显示的压力值并记录。

第二步：计算供气管网的压降，空压站出口压力与用气侧入口压力的差值。

第三步：现场查看或咨询主管网的管径及管长。

第四步：咨询了解企业压缩空气系统建设历程，主要包括增容和管路改造。

判断方法：存在管网压降大于供气压力的 1/10，或空压站进行过扩容，但仍使用原有规格的管网，则系统管网压降过大，此时存在管网优化改造的节能空间。

能效提升措施：对不合理的管径、管长压缩空气输送管网，重新优化设计，确保管网压损最小化，进而提高压缩空气系统能效。管径过小导致压降过大的示例如图 3-110 所示。

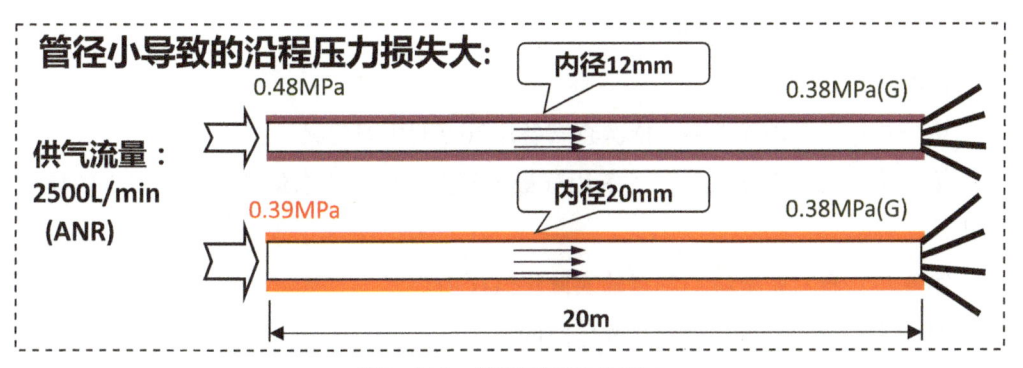

图 3-110　管径对压降的影响

3.3.2.4　用气端诊断

（1）不适当用气诊断

诊断步骤如下所述。

第一步：查看末端用气设备及用气形式。

第二步：观察用气操作人员的用气过程。

第三步：查看停用设备的用气支路阀门。

现场查看用气末端如图 3-111、图 3-112 所示。

图 3-111　查看用气情况　　　　图 3-112　查看用气设备

判断方法：查看是否存在不适当的末端应用。不适当使用压缩空气的例子主要包括：开放式的吹风、抽真空、人员冷却、开放式手式喷枪、气动马达、无管制的终端用途、向废弃设备提供空气等。存在上述不适当应用情况的，有能效改善的空间。

能效提升措施：压缩空气的最佳使用原则，供应的压缩空气应是所需的最小量和最低压力，并应在最短的时间内使用，尽量减少人为操作习惯造成的压缩空气浪费，避免不适当的压缩空气应用。

（2）用气最不利点诊断

诊断步骤如下所述。

第一步：沿着供气管路，依次查看各用气点的压力情况。

第二步：咨询企业人员，了解用气最不利点（压力要求最高的应用点）的压力需求。

第三步：查看系统最不利点的实际供气压力。

第四步：诊断分析是否存在改善空间。

判断方法：若存在系统最不利点的供气压力大于实际需求压力的情况，或系统的应用末端存在高压需求的低用气量应用点，该系统存在一定的节能潜力空间。

能效提升措施：在满足末端应用的前提下最大程度地降低空压机输出压力；在高压需求的低用气量应用点局部设置增压装置，降低系统的供气压力。对于螺杆式、活塞式压缩空气系统，供气压力降低 0.1MPa，可节电 7%~10%。

局部设置增压装置系统优化效果如图 3-113 所示。

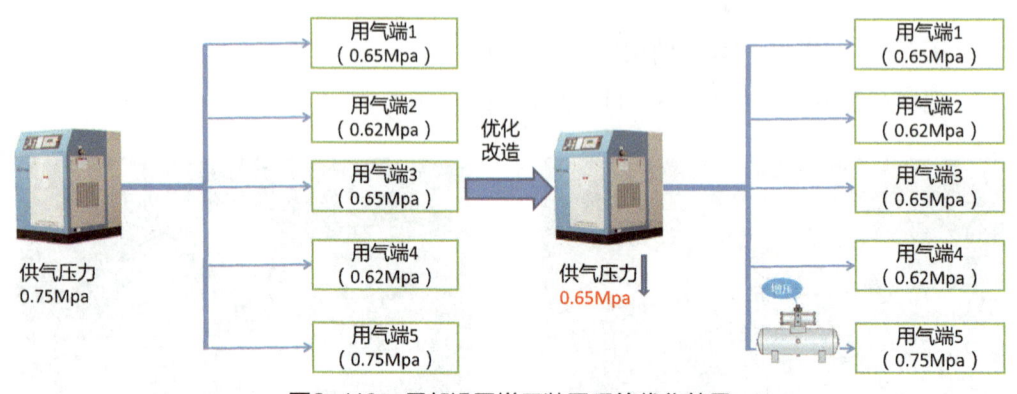

图3-113　局部设置增压装置系统优化效果

（3）明显泄漏诊断

诊断步骤如下所述。

第一步：沿管线依次排查，主要通过听和用手感受判断是否存在压缩空气泄漏的情况。

第二步：重点检查泄漏点为联轴器、软管、管子和配件，调压器、开启凝结水疏水阀和关闭阀，管接头、断开管和螺纹密封剂。典型的压缩空气泄漏现场如图 3-114 所示。

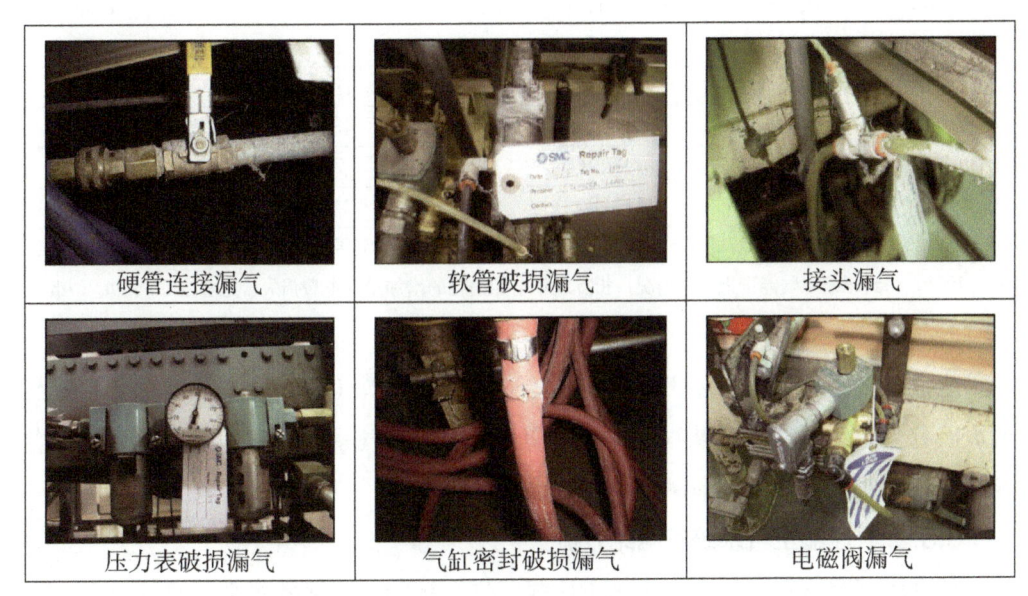

图3-114　典型压缩空气泄漏

第三步：记录并标记泄漏部位。

判断方法：诊断过程中，发现并记录管路及用气末端处的泄漏点，根据供气压力、泄漏孔径大小和数量的多少，判断系统的泄漏程度。

泄漏标识如图 3-115 所示，不同孔径下压缩空气泄漏的能耗及经济损失测算见表 3-49。

图3-115　压缩空气泄漏标识

表3-49 不同孔径下压缩空气泄露的能耗及经济损失

序号	泄露孔径/mm	泄漏量/(m³/min)	压缩空气泄露引起的功率损失/W	折算成空压机年（8000h）增加的耗电量/(kWh)	年损失电费/元
1	0.5	0.0186	152.5	1220.16	854.1
2	1	0.0742	608.4	4867.52	3407.6
3	2	0.296	2427.2	19417.6	13592.3
4	3	0.668	5477.6	43820.8	30674.6
5	4	1.19	9758.0	78064	54644.8
6	5	1.86	15252.0	122016	85411.2

备注说明：针对压力为0.7Mpa下的不同孔径的泄漏量，按照目前空压机平均的输入比功率8.62kW/(m³/min)计算，得到压缩空气能量损失的情况，折算成年电能消耗的增加量及电费损失，电费按0.7元/kW·h。

能效提升措施：选用超声波测漏仪等专业检漏工具（超声波测漏仪通过泄漏点的声波分贝数值来衡量泄漏程度），定期开展压缩空气系统的泄漏检测，并及时修复泄漏点，使系统的泄漏率保持在合理的低水平。

3.3.2.5 压缩空气系统气电比分析

计算压缩空气系统气电比来衡量压缩空气系统的总体能效水平。通过一定时间周期内的累计电耗和累计供气量来计算系统气电比，对于用气负荷波动比较大的压缩空气系统，尽量选取长时间跨度的累计电耗和累计供气量，建议用整年统计数值计算。计算公式：

$$系统气电比 = \frac{系统年累计电耗}{系统年累计供气量} \times kW \cdot h/m^3$$

据统计，当前在工业领域，8公斤级（0.8MPa）压力等级电驱动的压缩空气系统平均气电比为0.14kW·h/m³，而能效高的系统成本约在0.1kW·h/m³。

3.3.3 空气压缩系统典型案例

3.3.3.1 压缩空气系统诊断过程案例

某企业的压缩空气系统能效诊断过程如下所述。

（1）压缩空气系统收资

根据企业压缩空气系统的配置与布局，该企业的压缩空气系统流程如图3-116所示。

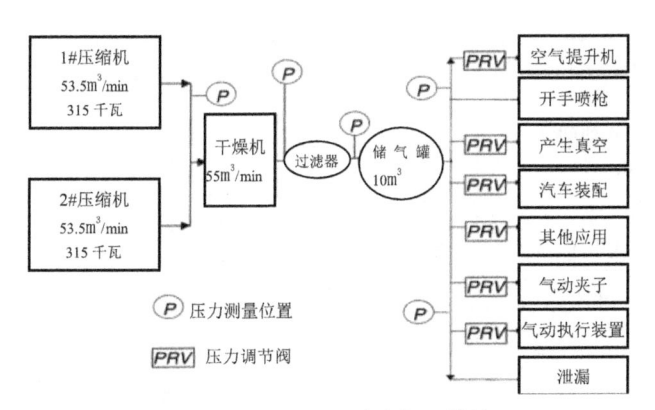

图3-116 某企业压缩空气系统流程

根据企业压缩空气系统现场查勘与能效诊断情况，填写该企业的压缩空气系统基本信息，如表3-50所示。

表3-50 某企业压缩空气系统基本信息

项目	内容	备注
型号	LS315HWC	
额定供气压力（MPa）	0.8	
额定容积流量（m³/min）	53.5	
额定输入功率（kW）	315	
比功率（kW/（m³/min））	6.5	
能效等级	□1级；□2级；☑3级	
制造商	美国寿力	
生产日期	2018年7月	
压缩机类型	□活塞式；☑螺杆式；□离心式；□其他（请说明）	
润滑类型	☑有油；□无油	
冷却方式	□空冷；☑水冷	
压缩级数	1级	
台数	2	
是否有热回收	□是；☑否	
干燥器类型	☑冷冻式；□吸附式（　）；□吸收式；□膜；□其他（请说明）	

续表

项目	内容	备注
压力露点（℃）	5	
额定露点空气处理能力（m³/min）	60	
压降（bar）	无	
额定电耗（kW）	15	
储气容量（m³）	10	
工作压力（MPa）	1.0	
外部环境温度（℃）	30	
进气温度（℃）	31	
通风	☑强迫；□非强制	
管道直径（mm）	40	
管道长度（m）	200	
管道压降（bar）（MPa）	0.07	
过滤器类型	—	
过滤器压降（bar）（MPa）	0.02	
所用压力（bar）（MPa）	0.63	
所需压力（bar）（MPa）	0.58	
多压缩机控制	□是；☑否	
自动控制	□是；☑否	
控制方式	□节气门控制；☑加卸载控制； □启停控制；□变速控制； □其他（请说明）	
运行压力设定值（bar）（MPa）	0.78	
加载压力（bar）（MPa）	0.70	适用于加卸载控制机组
卸载压力（bar）（MPa）	0.75	适用于加卸载控制机组
加载功率（kW）	310	适用于加卸载控制机组
卸载功率（kW）	100	适用于加卸载控制机组
年累计/平均加载小时数（h）	2100	从机组操控屏上获取
年累计/平均卸载小时数（h）	4900	从机组操控屏上获取

（2）压缩空气系统诊断过程

① 淘汰设备诊断。

对照"高耗能落后机电设备（产品）淘汰目录"，发现该企业的空压机和配套电机设备的型号，均不在淘汰目录内，因此不属于淘汰设备，具体如表3-51所示。

表3-51 某企业压缩空气系统淘汰设备诊断

设备编号	空压机型号	电机型号	是否为淘汰空压机	是否为淘汰电机	备注
空压机 1#	LS315HWC	YE2-180M-2	否	否	
空压机 2#	LS315HWC	YE2-180M-2	否	否	
结论：非淘汰设备					

② 空压机设备能效水平诊断。

根据空压机机组设备的能效标识，该企业空压机机组的能效等级为3级，机组比功率为6.5kW/（m³/min）。查询 GB 19153-2019《容积式空气压缩机能效限定值及能效等级》，同等级类型设备1级能效的机组比功率为5.7kW/（m³/min），标准中的能效标准数值查询如图3-117所示。

表1（续）

驱动电动机额定功率 kW	能效等级	额定排气压力（表压）MPa										
		0.3		0.5		0.7		0.8		1.0		1.25	
		机组比功率 kW/(m³/min)											
		风冷	液冷	风冷	液冷	风冷	液冷	风冷	液冷	风冷	液冷	风冷	液冷
250	1	3.6	3.4	4.5	4.3	5.5	5.3	5.9	5.7	6.6	6.3	7.4	7.0
	2	3.9	3.7	4.9	4.7	6.0	5.8	6.4	6.1	7.2	6.9	8.1	7.7
	3	4.4	4.2	5.4	5.2	6.5	6.4	7.1	5.8	8.0	7.7	9.0	8.6
315	1	3.5	3.3	4.5	4.3	5.5	5.3	5.9	5.7	6.6	6.3	7.4	7.0
	2	3.8	3.6	4.9	4.7	6.0	5.8	6.4	5.1	7.2	6.9	8.1	7.7
	3	4.3	4.1	5.4	5.2	6.5	6.4	7.1	6.8	8.0	7.7	9.0	8.6
355	1	3.5	3.3	4.4	4.2	5.4	5.2	5.8	5.5	6.5	6.2	7.3	6.9
	2	3.8	3.6	4.8	4.6	5.9	5.7	6.3	5.0	7.1	6.8	8.0	7.6
	3	4.3	4.1	5.3	5.1	6.5	6.3	7.0	6.7	7.9	7.6	8.9	8.5

图3-117 摘自《容积式空气压缩机能效限定值及能效等级》

将原3级能效机组更换成1级能效的预估节能率和年节能量计算如下：

$$节能率 = \frac{原比功率 - 新比功率}{原比功率} \times 100\% = \frac{6.5 - 5.7}{6.5} \times 100\% = 12.3\%$$

因此，更换为1级能效设备措施预计可实现系统年节电量140000kW·h、节能率12.3%。

③ 空压机运行控制模式诊断。

该企业的压缩空气系统配置了 2 台 315kW 的螺杆式空压机（1 用 1 备）。单台螺杆式空压机控制模式为加卸载控制。根据表 3-50 中机组的累计加卸载数据，计算运行机组的负载率。

$$负载率 = \frac{累计加载时间}{累计加载时间 + 累计卸载时间} \times 100\% = \frac{2100}{2100+4900} \times 100\% = 30\%$$

该空压机的负载率为 30%，远低于 80%，初步诊断该空压机机组存在较大的节能改造的潜力。节能量和节能率预估计算过程如下。

$$节能率 = \frac{年节能量}{原年用电量} \times 100\% = \frac{4900 \times 100}{100 \times 4900+310 \times 2100} \times 100\% = 42.9\%$$

根据上述计算结果，对原加卸载控制螺杆空压机进行变频节能改造可实现 42.9% 的节能率，年减少电耗 490000kW·h。

④ 干燥机诊断。

根据收资表中干燥机的基本信息，企业压缩空气系统配备的干燥机为冷冻式干燥机，运行时不产生气耗，正常满足生产需求，无节能改造空间。

⑤ 疏水装置诊断。

根据现场诊断发现该企业的压缩空气系统中所配置的疏水装置为零气耗型自动疏水阀，不存在排水时排气的情况，无节能改造空间。

⑥ 过滤器诊断。

根据收资表中过滤器的基本信息，该系统中的过滤器前后压差仅为 0.02MPa，符合过滤器压降小于 0.1MPa 的要求，不存在节能改造空间。

⑦ 空压机进气温度诊断。

根据该企业压缩空气系统基本收资表，空压机的入风温度为 31℃，室外环境温度为 30℃，温差只有 1℃，因此可不考虑入风温度降温节能措施。

⑧ 系统泄漏量测试。

该企业压缩空气系统目前不具备进行泄漏量测试条件，因此未开展泄漏测试。

⑨ 热回收应用诊断。

根据现场诊断，该企业的空压机未进行过空压机压缩余热回收改造，存在余热资源，但企业生产中无用热需求，因此无空压机热回收改造潜力。

⑩ 管网布局诊断。

在现场诊断中未发现不合理的压缩空气管网形式，无节能改造潜力。

⑪ 管网压降诊断。

根据现场诊断,该企业空压站的压缩空气出口总管上的供气压力约为0.67MPa,在用气末端的压缩空气压力为0.6MPa,管网压降约为0.07MPa,小于设定压力0.78的1/10,因此该企业压缩空气系统的输送管网压降在合理范围内,无节能改造潜力。

⑫ 不适当用气诊断。

根据企业压缩空气系统用气末端的排查与诊断,未发现不适当压缩空气应用情况。

⑬ 用气最不利点诊断。

根据现场诊断发现,该企业压缩空气系统用气端最不利点的供气压力为0.62MPa,实际该用气点的需求压力为0.58MPa,供气压力比实际需求压力高0.04MPa,因此可将压缩空气系统的设定供气压力下调0.04MPa。按8公斤压力等级的压缩空气系统供气压力每降低0.1MPa可节电7%~10%的经验值,初步估算优化该系统设定供气压力可实现系统节能3%~4%。

⑭ 明显泄漏诊断。

在企业压缩空气系统的用气终端现场,通过听、手感应共发现4处较大的泄漏点,基本在管线连接处及气动装置上,且由于现场工作环境存在较高的腐蚀性,致使压缩空气管路及管路的装置腐蚀严重,产生压缩空气泄漏。因此,该系统存在开展泄漏检测治理的节能潜力。

(3) 压缩空气系统诊断结论

根据上述的诊断过程,该企业压缩空气系统能效诊断结论汇总如表3-52所示。

表3-52 诊断结论汇总

序号	区域	能效措施	节能潜力	备注
1	供应侧	将原3级能效空压机更换成1级能效空压机组	年节电 140000kW·h;节能率 12.3%	1~2项可合并改造
2	供应侧	变频改造或更换变频机组	年节电 490000kW·h;节能率 42.9%	
3	用气端	将系统的设定供气压力下调 0.04MPa	节能率 3%~4%	
4	用气端	开展泄漏检测与治理	—	通过泄漏量测试可估算节能量

3.3.3.2 压缩空气系统节能改造案例

（1）某轮胎企业压缩空气系统节能改造案例

① 项目概况。

该轮胎制造企业的生产工艺中需要用到大量的压缩空气，企业的压缩空气系统共配置16台450kW的离心空压机，运行12台设备才能满足工厂的正常生产需求。

现场诊断过程中，在生产车间的压缩空气供气线路上发现多处明显的压缩空气泄漏点，并在企业配合下对该压缩空气系统做了泄漏测试，在末端不用气的情况下，开启4台离心空压机才能维持需要的压力，初步测算泄漏率达33%，泄漏非常严重，存在压缩空气泄漏治理的节能潜力点。

对该企业的压缩空气系统开展保压试验，发现该压缩空气系统存在较大的泄漏量，进而对压缩空气系统管网开展全面泄漏检测并修复泄漏点。泄漏治理后，该企业的压缩空气系统停用4台450kW空压机，单位产品气耗下降15%，年节电量达4500000kW·h。

② 节能改造方案及成效。

运用专业的超声波测漏仪对企业的压缩空气系统管网开展全面泄漏检测并修复泄漏点。在压缩空气系统泄漏治理后，该企业的压缩空气系统停用4台450kW空压机，单位产品气耗下降15%，年节电量达4500000kW·h，年减少碳排放量4586吨。

（2）某光电企业压缩空气系统节能改造案例

① 项目概况。

该光电企业原压缩空气系统配置9台55kW和2台160kW的螺杆空压机，合计总装机功率为815kW，合计供气量为145m³/min，原空压机的额定比功率为6.2kW/(m³/min)，企业正常生产时所需的压缩空气流量平均为120m³/min；原压缩空气系统干燥机采用19kW的冷冻干燥机加40kW微热吸附干燥机组合模式进行压缩空气的干燥；该企业空压机的余热未回收且企业有燃气热水锅炉供热系统，存在用热需求。

现场诊断发现该企业的压缩空气系统共有3个节能改造潜力点：一是单台螺杆式空压机容量较小，系统设备的整体能效水平较低，机组存在较大的能效提升空间；二是原微热式吸附式干燥机压缩空气损耗高，气损率约为8%，存在较大节能空间；三是空压机的压缩余热资源未利用，企业有燃气热水锅炉供热系统，存在余热回收利用潜力。

② 节能改造方案及成效。

该企业的压缩空气系统节能改造内容包括3个部分：一是提高空压机机组能效

水平，将原螺杆空压机升级为"高效离心空压机+变频螺杆空压机"的配置，提高空压系统整体能效水平；二是为系统新配置一台零气耗压缩热吸附式干燥机，利用新增离心机的第三级压缩热用于压缩热吸附干燥，实现零气耗干燥；三是增设专用离心空压机余热回收系统，回收离心空压机的一级、二级压缩热，用于预热燃气热水锅炉的补水。

机组配置优化改造后，压缩空气系统的比功率从原先的6.2kW/（m³/min）下降到了5.17kW/（m³/min），节能率为20.4%，年节约1336000kW·h；干燥部分改造后，基本实现干燥机的零能耗，年节约940000kW·h；空压机余热回收系统改造后，年可实现减少31万标立方天然气。项目合计年节电2270000kW·h，31万标立方天然气，年节能效益300万元，实现年减少碳排放量2600吨。

3.4 配电系统能效诊断

3.4.1 配电系统介绍

能源电力是现代工业生产的主要能源和动力，它可以转换为各种形式的能量，以满足企事业单位的生产、生活需求，有利于实现生产过程的自动化和控制。随着客户侧用电情况的变化及电力市场机制改革进度的推进，企业用电方面可能出现用电容量不匹配、购售电价周期变化、配电设备运行能耗高等情况，对企业安全经济用电造成一定影响。为此，对客户配电系统进行全面的能效诊断，可以精准分析用电情况，为客户提供有针对性的降本增效的建议。

3.4.2 配电系统诊断内容

当前，根据客户常见的配电系统设备节能降碳路径的能效提升点，得出主要常见的配电设施优化诊断有5个关键点，具体如下。

3.4.2.1 功率因数优化

力调考核电费是电费的基本组成部分之一，计算客户用电的有功电量与无功电量得出的功率因数，同考核标准进行对比。根据《功率因数调整电费办法》，当满足考核标准要求时，能够获得奖励，不满足考核要求时，将被惩罚，对企业的常见功率因素考核为0.85或0.9。

诊断优化步骤如下所述。

第一，分析客户电费账单，查看每月是否存在力调考核电费的支出，存在时可以排查客户是否存在未安装无功补偿装置、无功补偿装置容量配置不足、补偿装置老旧失效、自动调节装置故障等原因。

第二，客户可以根据实际情况进行有针对性的改造，避免因功率因数的问题增加用电支出。

3.4.2.2 运行容量匹配

变压器超容是在变压器的容量不能满足当前负载需求的情况下，客户超过变压器额定容量进行运行。变压器超容的主要原因包括生产负荷变化、温度变化、内部损耗等。超容运行会导致违约罚款，并给变压器运行带来极大的安全隐患。对于变压器超容问题，企业需要及时采取适当的措施，避免对电力系统的安全和稳定造成影响。

诊断优化步骤如下所述。

第一，降低负载：降低变压器的负载是消除超容现象的最简单方法。可以关停不必要的设备、调整生产流水线不同设备的工作时间，或者采用高能效设备来实现。

第二，升级变压器：如果变压器的容量已经不能满足负载需求，通过考虑升级变压器、改变变压器的规格和型号等方式实现容量的提升，办理相关增容用电手续。

3.4.2.3 三相不平衡优化

三相电流不平衡是三相电路中的三个电流之间存在差异，通常表现为三相电流之间的大小和相位不一致。当客户由于用电不平衡出现三相不平衡时，可能导致电力设备损坏、增加线路的电能损耗、增加配电变压器的电能损耗、配变出力减少、影响用电设备的安全运行等危害。根据《电力系统运行技术规程》中的规定，三相电流不平衡一般不得超过10%。由于各相电源所加的负荷不均衡，可能产生增加线路的电能损耗、增加配电变压器的电能损耗、配变出力减少、影响用电设备的安全运行等危害。

诊断优化步骤如下所述。

第一，现场分析用户三相用电情况，建议客户重新平衡用电负荷，将重载运行相的设备迁移到轻载运行相，尽量保持三相所带负荷基本相同。

第二，定期检查三相负荷运行情况，及时调整优化。

3.4.2.4 配变设备能效等级提升

变压器作为配电系统中的重要设备，其效率直接影响整个系统的能耗。目前，已经出现一些节能型变压器，如油浸式变压器的低损耗型或无载损耗型变压器。这些节能型变压器采用先进的材料和技术，能够提高变压器的效率，降低能耗。

诊断优化步骤：对于老旧的淘汰名录中的高耗能变压器 S9 及以下型变压器，应淘汰更新，如选用 S20 以上变压器，变压器损耗的节能率提升 25% 左右，更新后能提高电力变压器的综合能效，减少变压器的损耗，提高变压器的使用寿命，从而达到节能、降耗的目的。

3.4.2.5 电费策略优化调整

基本电费是以工业企业的变压器容量或最大需用量作为计算电价的依据，客户需要根据自身的容量及负荷情况，315kVA 及以上用户可以选择按照容量计收或按照需量进行计收的两部制电价，100~315kVA 的用户可以选择单一制或两部制电价。分时电价通过时段区分，同时浙江省的分时电价还因夏季、冬季不同月份有所不同，建议引导客户低谷时段用电，有助于减小峰谷差。

诊断优化步骤：计算当前用电负荷情况，选择合理的按容量或者需量两部制电费计算方式。根据"分时用电"规则，优化生产生活用电时段，合理安排用电时间，尽量在电价低谷时段使用电器设备，降低用电成本。

3.4.3 诊断案例

3.4.3.1 项目简介

宁波某橡塑制品公司装配有年产 600 吨塑料配件的生产线，总装机容量 630kVA。该企业每月的最高负荷达到 680kVA，存在超容现象，根据违约用电处理办法，需要进行整改与违约用电罚款。在为企业进行能效诊断过程中，发现该用户的两部制电费选择为按照实际最大需量收取，导致用户 6 月的基本电费较高，并且电费清单中存在力调电费考核的情况，实际功率因数 0.86，不满足 0.9 的考核标准要求。通过对该企业的配电系统进行现场诊断，了解该注塑系统工况变化较频繁、运行能耗较高，配电系统运行上存在多个不合点，一定程度上增加了用电成本的支出，具有一定的节能潜力。

3.4.3.2 改造方案

（1）功率因数优化

现场查验发现，该用户的无功补偿装置存在补偿装置老化现象，补偿容量不足。通过更换补偿装置，新配置 320kVar 补偿容量的设备，使运行期间的功率因数由 0.86 增至 0.92，满足考核要求，并且获得力调奖励。

（2）运行容量匹配、设备能效升级

对接用户明确存在设备与产能双增长的情况后，通过高压增容项目，更换为S20节能型变压器，节能率提升20%，增容至800kVA容量后，满足客户合理用电需求，避免因超容导致的违约用电罚款。

（3）电费策略调整

通过分析客户电费账单，该客户的每月最大实际运行容量680kVA，占变压器800kVA容量的85%，根据容量30元每千伏安及需量48元每千伏安计算，该用户选择按照容量计算基本电费更合理，用户变更基本计费方式。

以上节能改造项目总投资约12万元，预计每年节省电费7万元。

建筑物能效提升技术应用及典型案例

4

建筑能效，即建筑电气系统能效，是在满足建筑使用功能和电气安全的前提下，电气系统的电能使用效率。在相同的使用条件下，电气系统消耗的电能越少，系统的能效越高。从广义上讲，建筑电气系统能效是建筑所消耗的电能转化为其他能量的综合效率，如电能可转化为机械能，驱动电梯、风机、水泵等。我国资源环境决定了以公共建筑用能占主要地位的建筑能耗亟须全面启动实施能效提升行动。其中，机关办公建筑、宾馆饭店建筑、医疗卫生建筑、商业办公综合体建筑用能种类多样且影响用能因素众多，具有一定代表性。

4.1 公共建筑分类及特点

4.1.1 机关办公建筑

机关办公建筑指的是党政机关占有、使用或者可以确认属于机关资产的，为保障党政机关正常运行需要设置的基本工作场所，包括办公室、服务用房、设备用房和附属用房，如图4-1和图4-2所示。主要能耗特点如下所述。

第一，空调用能通常占总用电量比例最大。空调是主要用电系统，但是建筑运行管理人员往往水平参差不齐，实际工作中通常只负责设备的启停，对复杂自控设备、相关专业知识等不了解。在空调系统控制方面，通常水系统对空调运行影响较大，但是往往不被重视，工作人员无意识地频繁启停空调导致能耗增加。

第二，建筑年单位面积能耗较高。大部分机关办公建筑修建时未考虑外墙类型，外窗结构也未考虑保温等。建筑保温、隔热性差，建筑冷热负荷高，相应空调能耗偏高，导致单位面积能耗高。

第三，往往采用过高密度的灯具排布。机关办公建筑通常采用大量灯具照明，照明照度不达标，无人区域灯具经常长时间开启，导致无效照明用电占比高。

机关办公建筑最主要的用能是电能，其他形式能源如天然气、煤气等较少，且电能用途较为单一，主要为空调用电、办公设备用电、照明用电，无特殊设备、特殊需求用电。

图4-1 某党政机关综合办公楼

图4-2 某部门机关办公楼

4.1.2 宾馆饭店建筑

宾馆饭店建筑指具有大堂、宴会厅、客房、餐厅、洗衣房和会议室等区域的综合性建筑，部分星级宾馆饭店还配备游泳池、健身房等。与其他公共建筑相比，星级宾馆建筑能耗系统更复杂，如图4-3和图4-4所示。主要能耗特点如下所述。

第一，通常采用集中空调且全天候运行。

第二，为满足客房入住客人的需求，提供生活热水洗浴，且全天候运行。

第三，由于经营的需要，供冷季和采暖季比一般的公共建筑周期更长，且室内温湿度环境要求更严格。

第四，多为高层建筑，电梯数量多，且运行时间长、启停频繁。

第五，大部分设有洗衣房，部分设有恒温泳池等设施，且在冬季需要供热，因此有蒸汽需求，一般采用热水锅炉或蒸汽锅炉作为能源。

第六，餐厅面积较大，各种中西特色餐厅厨房较多，有游泳馆、休闲中心、健身房、商务中心等不同功能区域，单位面积能耗较大，且运行时间没有一致性。

第七，与商场和办公建筑不同，宾馆饭店虽然营业时间长，但是受到季节变化和入住率波动的影响，大多数时间是在部分负荷下工作。

在宾馆饭店建筑中，能源消耗形式有电力、天然气、煤气、燃油等。电力主要用于空调、照明、插座、电梯动力、洗涤设备等，同时也是主要的耗能形式。天然气、煤气、燃油等燃料主要用于供暖、热水和炊事等。通过项目梳理得出大部分宾馆饭店建筑的电力消耗在所有能源消耗中所占比重最大，燃料的消耗也占了很大的比例。

图4-3　某连锁星级酒店　　　　　　　　图4-4　北京国际饭店

4.1.3 医疗卫生建筑

医疗卫生建筑指提供医疗保健服务的建筑物，通常包括医院、诊所、医学实验室等建筑，同时涵盖诸如病房、诊疗室、住院区、手术区、实验室等不同类型空间，如图4-5和图4-6所示。其主要用能特点如下所述。

第一，用能时间各异。医疗卫生建筑中既有类似于急诊室、病房等24小时全年无休，且每天均需维持环境温度基本满足体感舒适要求的场所，也有固定时段开放如门诊、药房等区域，还有应急使用的场所，如隔离病房、负压手术室等。

第二，用能品质高。医疗卫生建筑的主要用途是救死扶伤，而病患的安全一定程度上会受到医疗卫生建筑能源保障品质的影响，如制氧机产氧纯度、医疗设备供电频率、消毒供应设备的蒸汽压力与温度等。因此，医疗卫生建筑的能源保障品质要求较其他公共建筑或服务场所更高。

第三，"废物"产出多。医疗卫生建筑能源消费种类多，在生产运转的同时，随着能源消耗，必然产生一些能源的"副产品"，亦称为"废物"，如锅炉排烟、消毒灭菌锅高温废水及其他固体废弃物等。根据国家环保要求，各类废弃物均需处理达标后才能排放。

第四，供暖季长且需要在过渡季节进行部分供暖。医院内部环境特殊，医护人员和病人对温度变化敏感，同时部分设备、特殊区域对温度上下限、温度变化有特殊要求，因此需要依据具体需求与外界实时温度供暖。

第五，空调系统多样化。以医院科室为例，不同科室之间运行时段和时长不一，所要求的温湿度和空气洁净度也有所不同，因此与之对应的空调系统更具多样性。

第六，空气洁净度要求高。相对于一般公共建筑，医疗卫生建筑对空气的洁净度要求更加严格。这是医疗卫生工作的特殊性质所致，必须尽量减少空气中的微生物和尘埃，防止发生院内感染。因此，净化空调的使用在医疗卫生建筑中是非常重要的管理环节之一。

第七，空气湿度要求高。空气湿度控制往往是公共建筑空调系统在设计时忽视或没有过多考虑的因素。但医疗卫生建筑不同，空气中湿度的高低关系到空气中细菌存活时间长短，因此从安全角度出发，必须将空气中的湿度控制在合理范围内。

第八，气流组织形式多样。门诊大空间、病房、设备机房等不同区域的气流组织需要专项设计，气流组织形式是否适宜直接影响空调效果。不同于普通办公区域，医疗卫生建筑兼具高大空间、封闭房间、半封闭房间、实验室等不同环境的区域，每个区域对应适宜的气流组织形式也不一样。

第九，空调设备稳定性要求高。医疗卫生建筑不同于普通公共建筑，院内一些重点区域的能源保障要求极高，如手术室、产房、ICU、放射科室、低温冷库等区域对空调恒温恒湿极度依赖。如果这些区域的空调系统出现故障，将造成难以想象的生命财产损失。

医疗卫生建筑对用能品质、能源供应可靠性及安全性有极高要求，在建筑内部需依据不同区域的不同用能方式、用能质量要求等进行专门设计。

图4-5　某分子生物实验室　　　　图4-6　某三甲医院病房

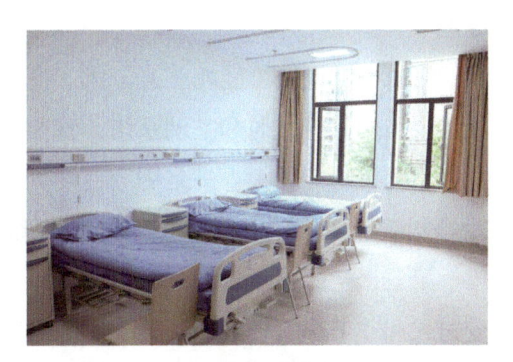

4.1.4 商业办公综合体建筑

商业办公综合体建筑通常指包括商场、写字楼、餐饮娱乐场所等多类型的综合性建筑，如图4-7所示。其按照实际用途可分为商业区域和办公区域，共同特点为设备运行时间长、内部散热量大、单位面积能耗高。商业办公综合体建筑商场区域每天营业时间长达 12~12.5 小时，办公区域工作时间主要集中在 9:00~18:00，各类设备均需长时间运行。由于人流量大、门禁系统复杂（见图 4-8），内部通风效果较差，若无专用排热设施易导致热量聚集，以上多类因素造成该类建筑单位面积能耗高。

图4-7　北京某商业办公综合体建筑　　图4-8　商业办公综合体建筑内部门禁系统

商业区域的能耗特点如下所述。

第一，照明系统能耗较高。一是建筑自然采光较少，商场内区需要人工照明；二是出于展示商品的需要，商场对灯光效果和视觉环境要求较高，采用的照明设备单位面积功率较高；三是照明设备开启时间长，只要在营业时间，照明基本全部开启。商场大量的内热及开阔的内部空间，致使商场本身的负荷受室外气象条件的影响程度偏小。

第二，空调风机能耗普遍较大。商场是封闭性空间，为了满足室内空气环境品质需要采用机械通风和空调系统，该类建筑多采用大型的全空气系统空调，较风机盘管系统风机能耗大。一是因为商场人多，新风量大；二是商场室内发热量大、需冷量大，空调箱风机电耗是商场空调系统中的重要部分。

第三，空调冷负荷高低峰值相差巨大。由于商场人员密度大、流动性强，而且受时段和季节影响较大，因此在不同时间、不同季节商场空调系统实际负荷有较大差异，商场在空调系统设计时按人流密度最大时的冷负荷设计，实际上空调大部分时间在部分负荷下运行，从而造成大量的能源浪费。

办公区域的能耗特点如下所述。

第一，办公设备、照明耗能量大。现代办公建筑办公自动化系统发展迅速，从电脑到复印机等一系列办公设备消耗相当大的能耗，而且现在的办公建筑多设置幕墙，室内照明和装饰照明消耗大量电能。

第二，内外分区对空调系统需求不同。一些办公建筑体量较大，内部核心区域几乎不向外界传热，而人体、设备散热量大，造成只有冷负荷、全年需要制冷的内区；外区则冬季采暖夏季制冷。

第三，人员、照明、设备变化不大，常年保持稳定，其产生的建筑负荷稳定。

4.2 新建建筑能效提升措施

4.2.1 建筑围护系统

建筑围护系统指对建筑能耗、环境性能、室内空气质量等方面有影响的组成部件，建筑围护能效提升措施包括墙体节能、屋面节能、门窗节能、地面节能等部分。其中，墙体节能、屋面节能、门窗节能易于实施，具有一定代表性。

4.2.1.1 外墙节能改造

建筑外墙是主要的建筑围护结构，不仅具有承重作用，还能保证室内热稳定。外墙在建筑围护结构中占比较高，新型建筑节能外墙结构如图4-9所示。

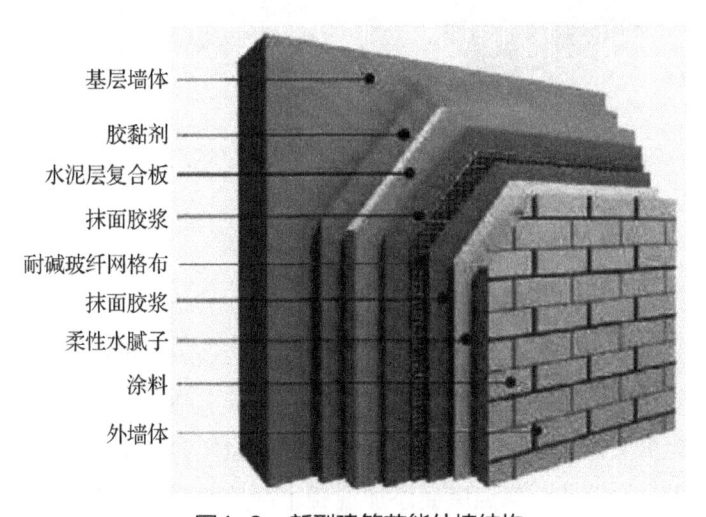

图4-9 新型建筑节能外墙结构

在建筑节能外墙施工时需注重外墙体的保温方式。为了提高建筑外墙的保温系数，选取EPS（Expanded Polystyrene，聚苯乙烯泡沫）板作为保温层，并使用特殊的机械锚固技术提高墙体的稳定性。该墙体具有良好的保温性能，能实现对各类型建筑的外墙节能改造。

常规设计的建筑围护结构节能改造技术主要将隔热层安装在墙体内侧，覆盖相应的石膏板，布置的保温隔热材料可减少自然环境变化造成的建筑屋内能量损耗，提升墙体储能效果，降低室内外温差，避免出现建筑墙皮开裂现象。在施工过程中，选取钢筋混凝土作为墙体基层，添加胶黏剂提高墙体的稳定性，还可添加泡沫玻璃隔热，减少建筑内部热损耗。一旦外界温差发生变化，可立即解决热桥效应，避免墙体变形及产生难以解决的裂缝问题。

4.2.1.2 屋面节能改造

屋面是建筑围护结构的组成部分之一，容易产生建筑热能损失，影响建筑的节能效果。不仅如此，季节变化、暴晒、寒冷等都会导致屋面损伤，影响居民的正常生活。常见的建筑屋面主要由防水隔热卷材组成，屋面节能改造必须考虑太阳辐射。屋面节能改造示意如图 4-10 所示。

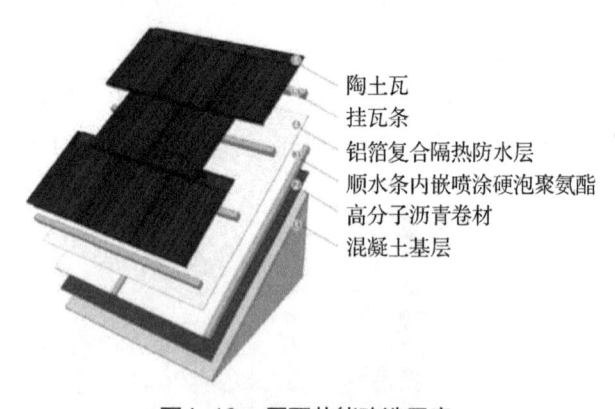

图4-10　屋面节能改造示意

该屋面主要由六个重要部分组成，即陶土瓦、挂瓦条、铝箔复合隔热防水层、顺水条内嵌喷涂硬泡聚氨酯、高分子沥青卷材、混凝土基层。为了尽可能地满足建筑围护结构的能量交换要求，可使用倒置式保温屋面作为基础屋面。为了提高建筑整体的通风效果，在设计的保温屋面添加混凝土制造的砖块，将其放置在防水层上方，可根据建筑实际情况调整砖块高度。屋面保温层结构的导热系数变化较大，对其实际保温效果不利，且容易提高建筑造价，因此在屋面结构中设置了防水层，该结构可利用通风间层遮挡阳光，不断利用屋面表层发挥传热作用，避免太阳辐射到屋顶导致的热压和风压过高。此外，在夏季，该结构还可以吸收夹层中的热量，最大限度地减轻室外辐射给屋面造成的负面影响，降低室内温度，避免过高的空调能耗。部分屋面构造特殊，保温层与防水层反向设置，对此可使用某些特定的憎水材料进行维护改造，改善屋顶综合负荷，避免屋顶坡度过高。

另外，还可将屋面与绿植结合，设计特色化的种植屋面，在屋顶种植部分绿化植物来达到夏季降温的目的。使用种植屋面的建筑可避免外界高温在室内形成的热岛效应，从而调整空气中的温湿度，最大限度地降低能耗及污染。但种植屋面对屋顶的承重要求较高，仅适合部分原始屋面使用。

为了提高建筑围护结构的通风性，根据气流热能传导原理对屋面进行通风改造。为了避免下部的防水层受到破坏而加大围护结构损耗，需要在原有的建筑结构上刷涂防水材料，结合建筑环境计算防水材料的导热系数，提高其隔热性。

4.2.1.3 外窗及遮阳节能改造

外窗是建筑围护结构中的重要部分，与室内的通风和采光有重要关系，因此为了提高建筑的采光性能、通风性能，最大限度地减少建筑的室内能耗，建筑围护结构的节能改造要结合建筑自身的要求计算建筑的导热系数。研究发现外窗对建筑室内的影响主要由热量缺口决定，因此在设计过程中需要尽量避免建筑外窗出现热量损失问题。建筑外窗改造如图 4-11 所示。

图4-11 建筑外窗改造

经过改造的建筑外窗必须保持良好的间隔距离。此外，建筑外窗设计还需要满足建筑节能外窗设计标准要求。为了发挥隔热隔声的作用，建筑外窗可以安装双层玻璃，最外层玻璃采用 Low-E（Low-emissivity，低辐射）中空比例，最大限度地减轻城市噪声对建筑的影响。在选择建筑外窗玻璃类型时，需要研究不同类型的建筑外窗性能标准。以某款透明玻璃为例，设计的建筑外窗选用"6mm 透明 +12mm 空气 +6mm 透明型玻璃"，其可见光透射比为 0.71，太阳能透射比为 0.75，传热系数为 2.8W/（m²·K）。该玻璃的遮阳性能良好，能满足建筑的低能耗需求，因此可用于建筑外窗改造。

4.2.2 空调暖通系统

空调暖通系统包括采暖、通风、空气调节三个部分功能，对应的能耗包括建筑物冷热负荷引发的能耗、新风负荷引发的能耗和输送设备的能耗。暖通系统能耗具有多个特征：首先，不合理的设计、选型、运行管理会致使能量的应用效率降低；其次，保持室内空气环境所需的冷热能量品位有高、低之分而且有季节性；最后，暖通空调涉及的冷热量处理一般以热交换方式进行。

4.2.2.1 降低传输能耗

在进行绿色建筑暖通空调节能设计时，要熟知空调耗能和流体流速、风机及水泵等相互作用的关系，提高能量的转换率，有效控制动力损耗，减少能源浪费。另外，设计暖通空间时应选择合适的载能介质，不但能提高冷热量的输送速度，还能一定程度上减少输送载能介质的能量损耗，减少暖通空调运行过程中的能源损耗。

4.2.2.2 运用变频节能技术

传统的暖通空调运行的依据主要是系统预设的功率，当室外环境温度过低或过高的时候就会影响空调的使用效果，由于空调无法按照温度变化自动调节功率，空调长时间保持恒定负荷运行，从而浪费大量的电能。变频节能技术的最重要特点就是能使空调根据外部温度变化自动调节空调机组负荷，通过调节风流量或者水流量的大小，降低能源损耗。变频技术的实现主要依靠变风量系统和变水量系统，在空调末端安装一个变风量系统，通过较强的温度调节作用，在保证送风量满足现实需求的前提下，减少能源消耗；而变水量系统有效调节热量的交换，同样发挥节能作用。变频技术改造的使用通常可以减少空调设备近一半能耗。

4.2.2.3 改善热能回收系统

热能回收系统的原理是收集空调运行过程中产生的余热，减少暖通空调的排放，最大限度地利用了能源。余热的回收形式通常有全热回收和显热回收，合理利用板翘式全热交换器、转轮式全热交换器、板式显热交换器等设备，可以最大限度地提升余热回收的速度，缓解排风制热过程中的负荷压力。监测和记录暖通空调的余热量，依据记录的余热量采用适合需要的回收形式，以此优化建筑暖通空调的节能效果。

4.2.2.4 加强空调暖通系统运维管理人员培训

大部分建筑内空调暖通系统管理人员通常只会开启、关闭等简单操作，对于部分专业名词、调整技术等缺少具体了解，经常造成空调长时间以同一状态运行，不能针对不同环境需求进行调整，造成资源浪费。因此需要加强对管理人员进行相关专业的技能培训，培训不同环境对于空调暖通系统的要求，实现针对不同环境调整空调暖通系统运行状态。

4.2.3 照明系统

照明系统是实现建筑合适的光分布的必要途径，通常包括人工照明和自然光照明两部分。常见的照明方式主要有三种：一般照明、局部照明和混合照明。企业应根据场所的不同选用不同的照明方式。一般照明适用于通常的工作场所，若同一场所内照度值不一致时，可分区采用一般照明；局部照明不能单独用于工作场所；当场所内的工作面对照度有较高或特殊要求时采用混合照明。

建筑物中的照明系统设计要遵循实用性、合理性、节能性的原则。实用性是建筑工程中照明电气节能设计的基础，是满足建筑基本的使用需求，在不影响建筑照明品质及用电安全的前提下，展开系统优化设计，使其能够发挥良好的节能效应，并提升建筑的使用价值；合理性是指不同的建筑工程的空间结构、自然采光率、环境有较大的区别，对照明的需求也不同，为了更舒适的照明效果，提升照明的质量和节能效果，企业需要充分考虑建筑工程的实际情况，根据具体的照明需求选择光源的类型；节能性体现在降低能耗上，这是电气节能设计的主要工作，节能设计需要降低照明系统在运行过程中的能源消耗量，在确保可持续发展的基础上，提升建筑物的经济适用价值，并使建筑物具有良好的生态价值。

4.2.3.1 更换节能照明器具

为了实现照明节能，选择照明器具时应基于具体使用环境与灯具参数选择最合适的产品，从而有效提升照明器具的节能效应。一般情况下，需要选择光照综合能效比最高的电光源，这需要考虑电光源的光效、功率及照明密度、功率密度等。

例如，某型号的普通荧光灯与LED日光灯相比，荧光灯的功率为18W，光效为70lm/W，光通量为1250lm，每单位的照明成本为0.017元；同类型的LED日光灯的光效为105lm/W，光通量为1250lm，功率为12W，每单位的照明成本为0.012元。由此可见，选择LED灯具可以达到良好的节能目的。另外，在电光源的选择过程中，不但需要考虑灯具的节能效率，还需要考虑灯具的使用寿命，以减少建筑工程的运营成本。

4.2.3.2 配置合理灯具排布

灯具的合理配置可以有效提升照明效果并满足节能需求。需要控制灯具的减光系数与利用系数,并确保照明空间中的照度分布均匀;需要根据不同的使用需求选择对应的灯具色温,同时需要进行眩光抑制,提升照明效果;灯具的合理排布和照明方式的合理选择,可以进一步提升照明的舒适度,确保空间照明的合理性。通常情况下,灯具排布方式可以采用较为规整的正方形、矩形和菱形。为了满足照度均匀的需求,通常增加灯具的数量,但导致能耗增加。因此,设计灯具排布方式时,需要权衡照度的均匀度与照明系统的节能性。一般情况下,需要根据场所的照度需求确定合理的灯具排布方式,并根据场所工作区的分布情况制订灯具排布策略。例如,可以分开设计工作区和非工作区的灯具排布方式,工作区可以采用密度更高的灯具排布方式,非工作区需要减少灯具的数量。

4.2.3.3 保持电压稳定性

照明配电过程中,电压的稳定性对照明质量有重要影响,电压的质量会直接影响灯具的使用寿命和镇流器的作用。因此,在照明配电过程中,企业需要提升电压质量,进行有效的谐波抑制。同时,需要减少变压器的有功损耗,通过提升照明线路的功率,进一步保障照明系统的节能效率。当灯具使用电压发生改变时,灯具的照明效果会产生较大的变化,同时直接影响灯具的使用寿命。

一方面,在照明负荷较大的区域应当使用专用电源配电,若照明系统存在两个以上的变压器,需要合理分配电压负荷,降低变压器产生变化的概率;另一方面,当照明系统与其他电气系统共用变压器时,应当配置专用的馈电干线,以减少电源对照明系统的不良影响,可以使用配电回路或者配电箱来增加照明电压的稳定性。

4.2.3.4 应用智能照明控制系统

运用智能照明控制系统可以有效提高对光照的调节能力,进而最大限度地减少照明系统能耗。通常情况下,智能照明控制系统可以将照明用能效率提升20%~40%。应用智能照明控制系统的过程中,应当根据照明环境设置照明模式,并根据使用时间启用对应的照明模式。例如,会议室、档案室、茶水间等场所的使用时间不固定,可以使用传感器监测相关区域照明系统的使用状态,并制定对应的智能照明控制系统模式,以确保相关区域的照明系统满足节能需求。在实际应用过程中,使用智能照明控制系统的策略多种多样,可以根据实际使用需求来选择,部分典型区域照明控制系统策略如表4-1所示。

表4-1 部分典型区域照明控制系统策略

场所	照明控制策略
会议室、档案室	使用传感器监测相关区域照明系统的使用状态，有人活动时，照明系统自动开启
隧道、走廊	设置固定的照明系统开启、关闭时间，根据室外环境光亮度调节照明亮度
酒店宾馆	插入或拔出房卡时自动供电或断电，设置延时照明模式
医疗卫生建筑	增加自然光的利用，针对不同科室不同人群设置不同照明策略，对手术室等重点区域设置备用供电照明
商业办公综合体	根据自然光亮度自动调节照明亮度，采用照明联动系统，设置不同照明模式

4.2.4 电气系统

4.2.4.1 强化谐波治理

在发电系统、输电系统、供电系统与电气设备等因素的影响下，传输到建筑电气系统中的电力往往难以始终保持50Hz的正弦交流电，往往会融入一些谐波分量，不仅会对电气系统的安全稳定运行产生较大威胁，还会导致能源的无故浪费。例如，谐波电流会引起输电线路温度升高、变压器升温等，根据能量守恒定律，这必然产生较多的能源损耗，并对建筑电气系统的应用功能产生不良影响，如，经常无征兆跳闸、部分电子元件被烧毁等。所以，在实际开展建筑电气节能设计过程中，应当特别留意对谐波的有效处理，现阶段常用的处理手段有两种：一是治理电网，依托于电力电子设备的使用，最大限度地抑制谐波电流的产生；二是以电气系统的运行设备为控制目标，在开展电气节能设计过程中，需要全面审视各方面影响因素，依托于科学计算方式，准确获取运行设备的供电量，使其保持在较低谐波含量状态。

4.2.4.2 完善无功补偿

从当下我国建筑电气设备使用情况来看，大部分电气设备均为感性负载，设备的功率因数往往保持在偏低水准，而因为其中涵盖有功功率、无功功率，所以设备装机容量会偏大。除此之外，当功率因数值保持在较低水平时，往往还导致线路损耗过快。为了避免这种问题的产生，当下普遍使用的改善手段便是安装无功补偿装置，其既能够取得良好的效果，也具有经济成本低的优势。补偿前后无功功率见表4-2。通过对无功功率进行补偿，一方面能够很好地降低电能损耗，另一方面可以实现对电气系统的优化，选择一些容量较小的发电机与变压器便可满足使用需求，同时将电气线路切换为直径更小的导线。

表4-2　补偿前后无功功率及对应无功功率补偿率

补偿前 $\cos\phi_1$	补偿后 $\cos\phi_2$					
	0.84	0.87	0.89	0.91	0.93	0.94
0.65	0.538	0.618	0.674	0.732	0.795	0.830
0.70	0.392	0.470	0.526	0.284	0.647	0.683
0.75	0.251	0.331	0.387	0.477	0.508	0.543
0.80	0.121	0.199	0.255	0.313	0.376	0.411
0.85	—	0.069	0.125	0.183	0.246	0.281

4.2.4.3 改善三相负载

三相不平衡会给电气系统带来非常大的影响，如造成线路损坏、电机不正常发热、电机振动加大及降低电机正常使用寿命等。为了有效维持三相平衡，企业可以从以下几个方面入手。首先，建筑中所有用电设施在设计连接220V与380V三相系统时，需要按照要求保证三相平衡，防止出现三相负荷不同的问题，这在根本上保证三相平衡。其次，依照电气设备功能的不同对整个系统进行优化与划分，其中将照明系统连接到220V低压电网中，当电流数值未超过60A时，选择使用单相供电，确保三相平衡供电，当电流数值超过60A时，则要运用220V/380V三相四线制供电。最后，根据建筑电气设计实际情况，增加平衡装置，保证三相平衡。

4.2.5 应用太阳能热水系统

当前常见的热水系统包括电热水器、天然气热水器、热水管网、热泵热水器和太阳能热水系统。电热水器、天然气热水器、热水管网供热水不可避免地伴随着能源消耗，太阳能作为一种清洁的、可再生的自然能源，在建筑热水供应系统中的应用具有很大的潜力，而且随着科技的进步，太阳能热水系统与建筑一体化正在积极发展中。太阳能热水系统与建筑一体化，就是太阳能热水装置与建筑的有机结合。在建筑设计的初期阶段，将太阳能热水器系统纳入建筑设计中，成为建筑不可分割的组成部分，这样可以使太阳能热水器的应用适应不同建筑的要求，无须破坏建筑外观形象。目前，太阳能热水系统与建筑一体化已经在我国许多地区的工程项目中得到实际应用，如安徽省合肥市的"景成御琴湾"住宅小区。

太阳能热水器系统按其运行方式的不同，主要分为自然循环式（整体式）、强制循环式（分体式）和非循环式（直落式）三类系统。在我国，家用太阳能热水器和小型太阳能热水器多用自然循环式，而大中型太阳能热水器系统多用强制循环式或非循环式。在以往多层建筑中被广泛使用的传统太阳能热水器，由于其只能在屋顶安装，对建筑立面破坏严重，而且在住宅中，这种一户一套的局部太阳能热水系统往往管线较多，布置得杂乱无章，对建筑空间的占用较大，影响城市建筑美观等，在高层建筑中对底层用户的使用也很不利。因此，在建筑热水供应系统中可以引入太阳能热水系统与建筑一体化的设计理念，达到与建筑外墙一体化、与建筑屋面一体化、与建筑阳台一体及与空调位置一体化的良好效果。对于公共建筑，太阳能热水系统的设计可以选取集中集热、集中储水的方式，这样设计的优点是，只需安装一套设备系统，但是根据建筑结构灵活布局，实现与建筑的协调，系统可靠稳定，运行效率高，计费方便；多层、高层住宅建筑可以采取"分户集热、分户贮水、分户使用"的供水方式。使用此系统的优点是，不受楼层高低影响，各住户使用自家水箱内存储的热水和辅助能源，无收费纠纷，与建筑立面结合度高。

以某科研办公楼加装太阳能热水器为例，该项目中设计每小时耗热量为2461987.7 kJ/h，直接系统集热器总面积为413.11m²，间接系统集热器总面积为418.42m²，有效容积为18829L，供热用容积式换热器换热面积为10.62m²，贮水容积为7120L，风冷散热器散热功率为199.42kW，集热循环泵扬程为20m。计算得知，太阳能全年可提供热量841423.24MJ。太阳能热水系统的环保效益主要体现在因未使用常规能源而减少烟尘及CO_2、SO_2等温室气体排放。计算得知，相较于燃气热水系统，本项目每年节约标煤35.06kg，烟尘减排量为1696.91t，CO_2减排量为92.91t，SO_2减排量为6.24t，NOx减排量为3.07t；相较于电锅炉热水系统，本项目每年节约标煤93.98kg，烟尘减排量为4548.87t，CO_2减排量为249.05t，SO_2减排量为16.72t，NOx减排量为8.24t；节能环保效果显著。不同方式的经济性对比如表4-3所示。

表4-3 不同方式的经济性对比

项目	燃气	电力	太阳能
年提供能量/MJ	841423.24	841423.24	841423.24
能源单位热值/MJ	36.43	3.60	/
常规能源效率/%	0.8	0.90	/
年需要常规能源量	28871.23Nm³	259698.53kW·h	/
能源价格/元	2.33	0.74	0
年能源费用/万元	6.74	19.23	0
寿命期内能源费用/万元	168.42	480.79	0

4.2.6 电梯系统

商场、办公场所、住宅小区等场所都配备了电梯系统,并且电梯数量越来越多。我国电梯的生产、安装总量位居全球首位,据统计,我国现有电梯近1/3是老旧电梯,节能型电梯的应用数量不足10%。

4.2.6.1 采用群控技术

电梯群控技术能够对电梯运行展开智能的控制预分配,减少电梯停靠、开启的次数,提高电梯运行效率,使其高效运行,从而实现节能降耗的目的。电梯群控技术主要依托于计算机控制平台,实现对多台电梯的集中控制,通过智能控制算法,判断楼内电梯运行及使用情况,科学地计算输出控制信号,从而调整电梯的运行状态。电梯群控智能算法有模糊控制算法、网络神经算法、专家系统算法等,智能控制算法可以结合不同方法的优势达成多样化控制效果。通常情况下,运用群控技术可以合理安排高峰期电梯运行情况,减少等待时间并减少能源的消耗,节能率通常为10%~30%。

4.2.6.2 采用能量回馈技术

电梯在运行过程中达到指定楼层的时候,速度会逐渐减慢,这就会释放一部分机械能,这是造成能源损耗的一个因素。通过变频器再生能量回馈技术回收利用释放掉的机械能,可以达到节能降耗的目的。变频器再生能量回馈技术是将机械能转换为一种其他可利用的能源,通过能量存储利用逆变技术将其传输回电网中,实现能量收集与反馈目的。相比其他节能降耗技术,变频器再生能量回馈技术的应用能够在整体上降低电梯能耗,具有16%~40%的节能效果。电梯的运行速度与使用频率越高,机械能量越多,得到的反馈能量越大。

4.2.6.3 采用永磁同步驱动技术

永磁同步驱动技术主要针对电梯电动机方面,从电动机的设计与制造工艺入手,提高电梯的节能效果。永磁同步驱动技术是当前电梯节能的一个主要措施。当前很多老旧电梯采取机械传动系统,永磁同步驱动技术就是在电动机的转子表面加上一块永久性的磁铁,这样可以使电动机电源在恒定不变的状态下稳定运行,不仅可以提高电梯的运行效率,还能节约电力能源。将永磁同步驱动技术应用于电器的曳引机,具有噪声低、效率高、运行平稳的优点,这在很大程度上转变了传统电梯沉重的减速箱,达成电梯节能降耗的效果。

4.2.7 建筑能源管理系统

建筑能源管理系统，是指通过仪器、仪表和传感器等测量和采集建筑物的资源消耗与环境参数，并加以记录的过程管理系统。建筑能耗检测系统能够为建筑能耗管理提供精准的耗能分析，通过数据比对和优化，实现精准用能，通过低成本投入，可以大大提高建筑用能水平，同时降低碳排放。一方面，建筑物在全球范围内是能源的最主要消费者，另一方面，我国建筑能源消费占比处于迅速增长的过程中，因此建立建筑能耗监测系统势在必行。

当前，建筑能源管理系统充分利用 5G、物联网、人工智能等技术，精准把握建筑能耗数据，能够帮助节能改造人员实现更多有效的建筑节能改造方案。另外，融合建筑用能大数据，可将建筑能耗的基本信息，如建筑年代、建筑面积、建筑材料、层数、窗墙比、建筑朝向、活动人数、床位、用能设备等信息纳入云端，在大数据层面挖掘不同类型建筑的用能特点，利用人工智能和大数据，从"人为改造"转变为"系统改造"，大幅提升建筑用能效率。

以电能为例，在实际应用中，建筑能源管理系统通常包括实时监测、能耗监测、统计报表、节能诊断等功能。建筑能源管理系统通过监测电表，获取电表的电量、电流、电压和电能质量等数据，基于以上监测数据以年、半年、季度、月等为时间维度，实现常用报表的标准化打印、输出，包括 Excel、Word、PDF 等格式，以及非标准化报表自定义格式的打印、输出等功能。报表展示格式为表格形式、图形形式及图表混排模式等，企业可以根据需要自定义打印和输出对应格式的报表，直观展示当前建筑用电数据历史曲线，也可进一步开展用电预测。

基于设备工作时间与设备每日实际使用情况，建筑能源管理系统分析设备是否存在用能异常行为，例如下班时间办公设备长时间运行等，获取该异常情况后及时对设备进行检查和用能异常诊断。同时，建筑能源管理系统可以实现能源在部门、设备、用能区域的同比和环比分析，计算建筑总体能耗、分项能耗、平均面积能耗等，对建筑总体能耗、部门、设备和功能区域能耗进行能耗排名分析，通过系统直观了解当前建筑具体能耗状况，有针对性地节能优化。

4.3 典型案例

4.3.1 N市某行政服务中心项目

该行政服务中心占地面积超24000平方米，建筑面积超59000平方米。大厦分为主楼和裙楼，水电设施、网络通信、消防监控、空调系统配备齐全，并拥有停车位（其中地面车位220个、地下车位414个）等。

大厦办公功能齐全，面积利用率高，办公及行政服务空间VRV室外机分布在裙楼及主楼各楼层的设备平台上，即一至四层放置在裙楼楼顶、五至十七层放置在各楼层的设备平台上、十八层和十九层放置在主楼的楼顶，系统较分散。室内新风系统按楼层分别设置，一至四层为吊装新风机组，四层以上为全热新风机组，无智能管控平台；照明方面，灯具均为LED照明设备，公共区域实现线路分区控制，无公共区域智能控制，无时段管理。大厦主要用电设备为空调系统、照明系统、室内办公设备、给排水、通风等设备系统、服务器机房系统等，改造前年均用电量约为3270000kW·h，年均能耗费用约为248万元。

针对以上问题，对于空调系统，采取时段控制模式和主机自动控制，可以做到冷空调节电20%以上，智能空调节电控制器可有效控制环境温度，在不影响使用者舒适性的前提下，达到国家对环境温度的要求。相比目前的使用方式，环境温度平均相差1℃，节电率达到8%左右。建立空调集中监控系统，针对楼群、楼、楼层、房间等，通过集中控制可以对所属空调的开关状态、设定温度、运行风向、节能命令、遥控开关等进行批量远程操作，另外，可以查询待滤网清洁的空调信息，配合操作命令进行批量清洁。该系统可以实现针对楼层空调的监控及空调的实时监测与控制，提供空调运转汇总信息与能耗信息。控制系统功能如图4-12至图4-14所示。

图4-12 空调集中监控功能示意

图4-13 楼层空调监控功能示意

图4-14 空调实时监测与控制示意

对于照明系统，通过智能化控制器改造，提升照明系统的管理水平和人性化程度。具体场景如下所述。

场景一：走廊、大厅部分，加装智能控制开关，根据时间段设置灯具的开启盏数，时间段设置可通过集中控制平台设置。

场景二：卫生间部分，加装人感控制，人在灯亮，人走灯灭。

针对各类管理对象、设备设施的用能画像模型，围绕画像模型对用电情况进行多维度、多层次的定性定量分析，实现用电透明化、管电精细化、用电制度化、行为习惯化。

本项目空调节能率指标按年均 25% 计算，照明节能率按 5% 计算，可得空调年均节电 237500kW·h，照明年均节电 12500kW·h，合计年均节电 250000kW·h。

4.3.2 H 市某文化中心项目

该文化中心占地面积约 1.55 万平方米，总建筑面积约 6.3 万平方米，其中地上面积 3.9 万平方米、地下二层近 2.4 万平方米。主楼共 11 层，九层和十层为档案馆，对温度、湿度等的要求非常高，采用封闭式设计，使用恒温恒湿精密空调，辅楼共 4 层。

该文化中心公区照明均已经改造成为 LED 节能灯。有多个独立的公区照明控制系统，有些公区照明已安装 KNX 模块进行集中控制，有些公区照明没有集控改造，有些公区照明采用液晶面板控制的集控系统，地下室照明通过红外实现灯光明暗亮度调节，但没有集控改造。文化中心空调由 VRV 空调和水冷中央空调组成（档案馆采用恒温恒湿精密空调，不做管理及分析）。水冷中央空调的风柜已通过 BA 系统实现智能化控制。VRV 空调和水冷空调风机盘管末端区域采用人为手段进行管理。

针对以上问题，首先在文化中心安装 PoE 物联网关，覆盖文化中心大楼整体网络，实现与各物联网终端设备的无线通信。同时，在各空间加装 SR3 多功能传感器（电池供能、无线通信，无须施工布线），对各空间的温湿度、光照度和有无人（采用红外感应，不影响隐私）进行实时监测。

在空调系统控制改造方面，在 VRV 主机侧加装空调控制箱，将 VRV 空调接入智慧用能管理平台。对接（顿汉布什）BA 系统，实现水冷空调主机运行状态的监测及风柜的智能控制（需业主协调 BA 厂家给对接协议）；更换水冷空调风盘智能控制面板，将文化中心每个风盘末端接入智慧用能管理平台，实现智能策略管控；智能面板与物联网关之间采用无线通信，无须走线。智慧用能管理平台在提升舒适度和满足各空间真实使用需求的前提下，根据各空间的真实状态，对空调进行多维度智能管控，减少不必要的使用浪费。

在照明系统控制改造方面，通过集控设备的增加及改造，将文化中心所有公区照明整合到一套系统，并接入智慧用能管理平台进行智能化管控。原有的 KNX 集控管理公区照明系统，替换成可接入平台的 KNX 网关，并新增物联网关接入智慧用能管理平台；未进行智能改造的空开，新增集控器接入智慧用能管理平台；液晶面板控制的公共照明，更换成智慧屏，并接入智慧用能管理平台；地下室照明增加集控器，接入智慧用能管理平台；文化中心景观灯用集控器替代定时器接入智慧用能管理平台。通过分区分策实现公区照明集中智能管控，实现自动化峰/平/谷照明控制，同时具备电网调峰响应的能力。

在能耗计量系统改造方面，通过物联网关对接高配房电表，实时采集文化中心总用电数据和出线柜用电数据。在每层楼每个配电箱增加分项电表，对楼层和区域用电进行分项计量，实时采集。对于大屏及数据机房能耗单独计量，对档案馆空调能耗单独计量。加装 485 数字水表，实时监测文化中心用水量，燃气表采用二维码数字化抄表方式实现用气数据上管理平台，实时换算碳排放量。

基于往年用电量和改造后总体节能 10% 预测，每年可整体节省用电约 313000kW·h，按照一般工商业电价计算，每年可节省电费支出约 24 万元。用气方面，基于往年用气量和空调节能 20% 计算，年可节省燃气支出约 5.3 万元。改造后年可节省能耗费用支出约 29 万元。

4.3.3 L 市某医院项目

该医院占地面积约 42500 平方米，医疗用房面积约 90000 平方米，是一所集医疗、科研、教学、康复、健康管理、司法鉴定为一体的三级甲等综合医院，年门诊量 166 万余人次、住院 5.55 万余人次。该医院所在地区属于冬冷夏热地区，每平方米耗电 150.98kW·h，每平方米用水 2.3t，单位病床能耗 2356kgce。该医院是当地的三级甲等医院，由于医院用房建设时间较久，单位面积能耗指标在能耗指标库中处于较低水平。

该医院用水系统较为分散，除外科大楼，其他均为空气源热水系统。外科楼原系统也为空气源热泵系统，为 4 台 10P 空气源热泵，但由于设备使用年限较长，运行很不稳定，能效折损较为严重，目前处于停用状态。现热水由电蒸汽发生器供应。该医院屋顶主要为水泥现浇框架结构，合计可利用面积约 3200 平方米，目前未安装光伏发电系统。在能源管理方面，该医院配电房低压出线与楼层配电间存在计量点位缺失的问题，无法对各回路的用能情况进行准确与全面的计量；已经计量的点位部分采用的是传统机械电表，能耗数据需要手工抄表，缺乏远传功能，能源计量费时费力；医院缺乏对海量数据的统计、整理和分析，只能了解每个月的用能总数据，无法及时有效发现用能异常并及时反馈。

针对以上问题，首先，利用原有热泵系统的管路直接替换空气源热泵主机，有效提高节能率；其次，根据医院屋顶实际环境建设光伏系统，采用 545Wp 单晶硅组件建设分布式光伏，预计可建光伏容量为 148.24kWp，预计年发电量 151900kW·h；最后，针对能源管理无序、混乱的现状建设能源管理平台，利用平台实现能耗实时监控、重点区域用能分析、能耗排名分析、能耗排名对象占比分析等功能，对用能进行精细化管理。

基于实际测量与计算，通过替换空气源热泵主机可实现年节能 350000kW·h，节能率约 66%；建设屋顶分布式光伏年均可发电量为 151900kW·h，预计 25 年内可发电 3797300kW·h，年节约标准煤约 46.61t，减少二氧化碳排放约 124.71t；通过能源管理平台科学有效地管理能效可实现同比节约电量约 12%，甚至达到 15%。项目总体改造完成后，预计 2023 年 8 月至 2026 年 7 月平均节能率为 11.7%，预期实现合计节能收益 288.63 万元，合计节能 6397500kW·h。

分布式光伏发电系统应用及典型案例

5.1 分布式光伏发电基础知识介绍

5.1.1 系统组成与工作原理

光伏系统通常与电网之间存在交互。按照是否与电网交互可将光伏系统分为并网型光伏系统与离网型光伏系统，其中并网型光伏系统如图5-1所示。并网型光伏系统按照建设规模可以分为集中式并网光伏系统和分布式并网光伏系统，本书主要介绍分布式并网光伏系统。

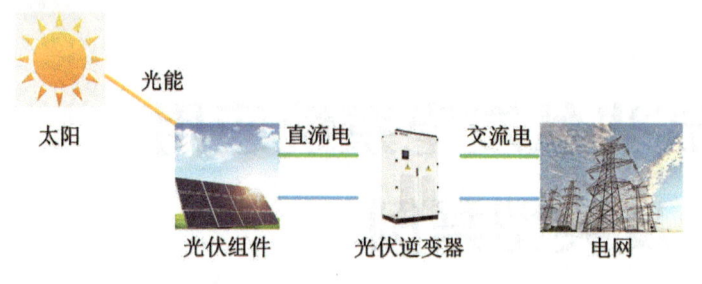

图5-1 并网型光伏系统示意

分布式光伏发电指采用光伏组件，将太阳能直接转换为电能的分布式发电系统。分布式光伏发电系统主要设备包括光伏电池组件、光伏方阵支架、直流汇流箱、直流配电柜、并网逆变器、交流配电柜，还配有供电系统监控和环境监测等装置，如图 5-2 所示。其工作原理是在有太阳辐射的条件下，光伏发电系统的太阳能电池组件阵列将太阳能转换输出的电能，经过直流汇流箱集中送入直流配电柜，由并网逆变器逆变成交流电供给建筑自身负载，多余或不足的电力通过连接电网来调节。

图5-2 分布式光伏发电系统基本设备

分布式并网光伏系统具有更广泛的应用形式，供电传输距离较短且往往就近使用。同时该方案输配电损耗低，操作简单，无须建设配电站，减少或避免了附加的输配电成本，可以弥补大电网稳定性不足的短板，非常适合向农村、牧区、山区、商业区等区域供电。

5.1.2 光伏系统商业模式

5.1.2.1 合同能源管理（EMC）模式

合同能源管理模式是一种基于市场运作的节能服务方式，是指从事节能服务的公司，与用能单位以契约形式约定节能项目的节能目标，节能服务公司为实现节能目标向用能单位提供必要的服务，用能单位以节能效益支付节能服务公司的投入及其合理利润的节能服务机制。该模式通常适用于以电能为主要用能类型的场景，通过在配电室内设置并网点实现"自发自用，余电上网"，满足了使用方对于节能减排的强烈需求。

该模式通常采用效益分享型合同能源管理，项目投资方与客户一般签订25年期合同，明确双方权责，并划分收益。一般情况下，投资方全额出资并负责光伏电站设计、建设等所有工作，并拥有光伏电站的所有权、独家运营权和管理权。客户为光伏电站项目的实施提供建设所需场地、房屋及电力设施等直至项目合同履约结束，并协助开展项目资产的相关安全工作。收益方面，光伏电站投资方和客户约定以属地销售目录电价及相关补贴政策为结算依据，在项目投运后实际获得的电费收益、补贴收益按双方约定比例进行分成。

上述模式减轻客户的投资风险，减少客户的运维成本投入。近年来，光伏电站造价持续降低，目前已出现以客户自行投资建设运营光伏电站的情况，这将导致客户资源减少，市场份额被压缩，因此提升市场开拓能力、加大市场开拓力度是实现业务发展的关键。

5.1.2.2 融资租赁模式

融资租赁模式，即用户通过融资购买设备，发电收益优先偿还贷款/租金及支付每年的电站运维费用，盈余部分则为用户收益。该模式中的客户通常为个人，主要是具有独立产权建筑物的居民用户，如农村住宅和别墅等。光伏设备安装于居民自有产权建筑物屋顶，并网电压等级为220V民用电压，并网点设置在户用计量电表处，常采用"全额上网"的并网模式。

该模式还有一些变体，如代理融资模式、屋顶租赁模式等。代理融资模式由企业以客户授权委托的方式获得银行贷款,并以客户个人名义申报安装,该模式利用客户征信获取银行贷款实现快速扩张,但易造成大规模无序开发,且本质上不能惠民,一旦贷款企业出现经营问题无法按时还贷,风险将直接转移至客户,不符合国网公司以客户为中心的核心价值观,与造福百姓的初衷相悖。屋顶租赁模式由项目投资方与用户签订"20+5"年期的协议,明确租赁关系,约定租金金额及支付方式,该模式中的居民用户收益低,且本质上与居民主体申报的原则有出入,存在政策风险。

5.1.2.3 用户自投模式

用户自投模式是指用户自主承担投资、建设和管理项目的一种服务方式。在该模式下,用户基于自己实际情况规划与建设项目,在实际运营中自行管理项目,享有项目全部收益的同时承担项目全部风险。该模式中的客户通常为个人,需形成规模效应方可降低投资回收期,且需要客户具有一定资金实力与光伏运营管理技术能力。

该模式中的客户可以全面掌控项目的建设和运营过程,能够更灵活地应对市场变化和需求变化,但存在投资风险与技术风险,在确保项目的可行性和长期稳定性下方能实现较快投资回报。

5.2 分布式光伏应用场景分类及特点

5.2.1 工业企业客户

工业企业客户是指直接从事工业性生产经营活动(或劳务)的营利性经济组织。工业企业客户往往具有较大面积的水泥屋顶或彩钢瓦屋顶,具有用电量大、光伏安装条件优越、屋顶利用率高等优点,且具有较强参与节能减排的改造意愿。

针对工业企业客户,可通过卫星地图(百度地图、谷歌地图、奥维地图等)等工具收集筛选屋顶面积符合开发要求的客户,实际操作中一般认为年均用电量1000000kW·h及以上且屋顶面积5000平方米及以上的工业企业客户较为优质。客户类型可优先选择大型国有企业、集团化上市公司、地方龙头企业等业绩稳定、信誉良好的企业,必须避开生产易燃易爆危险品、排放腐蚀性气体、排放大量烟尘的企业。最后,结合客户用电曲线,从筛选出的企业清单中选择预计光伏发电量消纳率较高(一般认为70%以上)的企业开展业务接洽和客户沟通。

5.2.2 公共建筑客户

公共建筑客户是指在非生产性建筑物中进行社会活动的客户，主要包括党政机关办公楼、图书馆、医院和商业综合体等，公共建筑客户屋顶总面积可安装光伏发电比例不低于40%。实际操作中一般认为年均用电量500000kW·h及以上且企业屋顶（或车棚）面积3000平方米及以上的公共建筑客户是优质客户。分布式光伏与公共建筑的结合有助于推动零碳建筑、绿色建筑等新型环保建筑理念的推广。

相较于工业企业客户，党政机关办公楼、图书馆、学校、医院等公共建筑，产权一般明确无争议，适宜开发。在光伏设备安装位置、并网点选择等原则上，公共建筑客户与工业企业客户大体一致。公共建筑客户与工业企业客户主要差异在于公共建筑负荷用电一般集中于白天，工作日与节假日负荷起伏大，整体消纳率较低。且公共建筑客户电价一般与工业企业客户的工业电价不同，项目评估需要重点关注。

5.2.3 居民客户

居民客户面向人们日常居住生活使用的建筑物，主要包括农村住宅、别墅居民个人房屋等。开发户用分布式光伏主要考虑光照条件和居民屋顶情况等因素，应优先选择太阳能资源好、居民屋顶朝南、斜坡屋面面积在50平方米及以上、平屋面面积为80~100平方米，且能满足承载力要求的建筑（一般选择混凝土或陶瓷瓦、水泥瓦、砖瓦等屋面、前后无遮挡的房屋建筑）。

5.2.4 市政设施

常见市政设施包括多座污水处理厂、自来水厂、泵站等设施。一般地，在水厂沉淀池、滤池、排水池等工艺水池（非腐蚀性工艺、露天）上方可建设固定式的水上光伏系统，在加药间、泵房等工艺车间屋面可建设光伏系统，光伏项目应根据水厂用电情况确定采用自发自用余电上网或全额上网的并网模式。水库泵站的光伏项目与自来水厂类似，结合已建或新建水库泵站工程，在清水库上方建设固定式的水上光伏系统，在泵房、次氯酸钠加注间、办公用房等屋面建设光伏系统，并网方式根据项目规模及泵站用电情况而定。

已建的市政设施如污水处理厂均可陆续开展提标改造工程，对部分处理设施加盖，可结合此类改造工程开展光伏发电项目的建设，如在沉淀池、曝气池等非腐蚀性工艺水池（露天）上方建设固定式的水上光伏系统，在滤膜车间、加药间、泵房等工艺车间屋面建设光伏项目；污泥处理厂应选择非地下建筑的处理厂进行结合建设，结合规划新建工程在其工艺车间、污泥储存仓、储泥池等建设光伏项目，其中污水处理厂和污泥处理厂由于用电量较大，可选择自发自用余电上网的并网模式。

5.2.5 交通运输

交通运输设施包括城市内公交站点、地铁轻轨站点和公园景区停车场等，数量众多，可有条件地选择部分公交车站站点候车棚或地面轨道交通站点屋顶建设小型分布式光伏项目，所发电量供给车棚或站点使用。一般公园、旅游景区等均配套地面停车场，部分大型商超配套建设屋面停车场，可结合有条件的停车场资源建设光伏发电项目。由于公园、旅游景区等用电量较小，并网模式可选择全额上网模式，商超等可选择自发自用余电上网的并网模式。因为，光伏组件具有良好的吸热性，可缓解停车场夏季暴晒导致车内高温问题。

5.3 分布式光伏安装环境与支架选择

当前，分布式屋顶光伏主要分为平屋顶光伏和坡屋顶光伏，可采用的光伏支架包括固定式支架和跟踪式支架。

5.3.1 安装环境

5.3.1.1 平屋顶光伏

平屋顶是现代建筑中使用最广泛的屋顶形式，具有构造简单、施工方便、适应性强等特点，可以应用到多种类型的建筑中。平屋顶的坡度小于5%，通常为2%~3%。平屋顶上安装光伏组件，对建筑外观的影响最小，而且还能够作为建筑屋面的隔热层，改善屋面的热环境，光伏组件安装很灵活，可以以多种角度和方式安装。

光伏组件与平屋顶结合方式有两种，分为支架式和嵌入式。支架式通常使用铝合金、碳钢或不锈钢材料做支架，与屋顶预埋件通过焊接或螺栓连接等方式锚固，在支架上安装光伏组件。光伏组件可以以倾斜面接受太阳辐射，方位角和倾斜角度都可以调整，根据布置位置还可以调整光伏阵列的前后间距，避免相互遮挡，实现最大发电效率。光伏组件布置的自由度和灵活性较大，构造简单，适用面广，比较容易推广普及。嵌入式是光伏材料与屋面系统集成的方式，主要指集成光伏组件的建筑采光顶。此种方式，光伏组件作为建筑构件的不可分割的部分，对建筑的外观没有影响，而且，光线通过不透明或半透明的光伏组件与全透明的玻璃结合在一起，可以在室内形成特殊的光影效果，但应该考虑眩光、安全、防水、排水、防冷凝水等方面的问题。此外，水平的光伏构件需要定期清洁，防止灰尘和树叶影响其发电效率。平屋顶的建筑可以将支架式与嵌入式结合在一起使用，天窗部分屋面可以采用嵌入式，非天窗的部分可以采用支架式，这样可以提高屋顶安装光伏组件的面积。

5.3.1.2 坡屋顶光伏

坡屋顶相对于平屋顶和垂直墙面，其与光伏组件的结合是最佳的。在坡屋面上布置光伏组件有两种方式。一种是铺设式，即在现有的屋面系统上铺设光伏构件。此种方式，光伏组件与屋顶相对独立，非常适合于改建和加建的项目，安装时要特别注意不能破坏原有的防水层，同时需要考虑风荷载作用。另一种是嵌入式，即将光伏构件集成到屋面系统内，通常用在新建项目中。此种方式，光伏材料和屋面系统合二为一，同时具有光伏发电、保温防水防噪、屋顶采光等功能，结构更可靠，但造价较高。

光伏系统与坡屋面相结合的另一种方式是采用光伏瓦（太阳能瓦）。光伏瓦是太阳能电池与屋顶瓦板结合形成的一体化产品。该产品直接铺在屋面上，不需要在屋顶上安装支架，光伏瓦内含光伏组件，光伏组件的形状、尺寸、铺装时的构造方法都与平板式的大片屋面瓦类似。

5.3.2 安装支架

光伏支架是太阳能光伏发电系统中用于安装、固定光伏组件而设计的特殊支架，须具备安全、适用、耐久等方面的性能，光伏支架的安全性主要体现在系统强度方面，保证系统满足抗风载荷、雪载荷、地震载荷等要求。适用性主要体现在系统刚度方面，可保证系统受力时有足够的抵抗形变能力。耐久性主要体现在一定时间内，系统对环境的承受能力，如抗氧化、耐腐蚀性能等。以保证光伏系统在户外环境中25年以上正常发电。光伏发电系统安装方式不同、应用场景不同，系统所采用的支架结构、性能、材料要求也不尽相同。在保证原屋顶使用性能的前提下，需要支架结构简单、材料轻便。

5.3.2.1 固定式支架

按屋面类型，固定式支架可分为彩钢瓦类型、混凝土类型和BIPV类型。

（1）彩钢瓦类型

在既有彩钢瓦上建设光伏系统，方案设计尽量以简单的形式实现系统的安装便捷，要确保能够解决改造项目中出现的建筑结构安全等方面的问题。阵列结构设计需符合国家及行业相关规范，设计方案时，选用轻质结构安装形式，使其既可满足建筑载荷要求，又可满足组件结构强度的要求。

彩钢瓦屋面利用铝合金夹具支撑在屋顶的彩钢板肋条上，针对不同瓦型采用相应夹具。光伏组件平面示意如图5-3所示，组件数量按实际屋面布置，不限于5块一组。夹具间距不大于1000mm，单个夹具抗拔力需大于0.7kN。彩钢瓦与导轨的连接如图5-4所示。

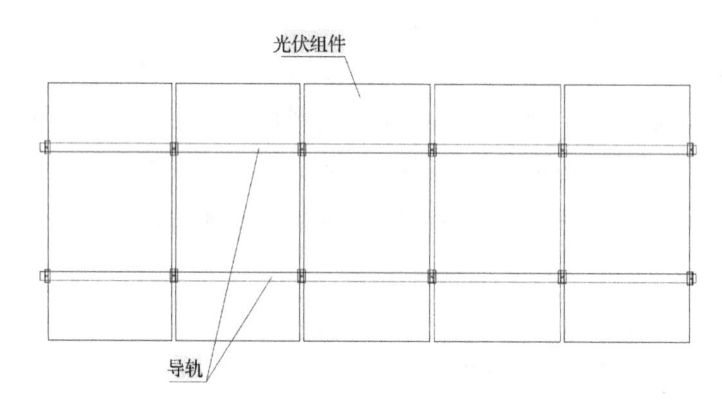

图5-3 光伏组件平面示意

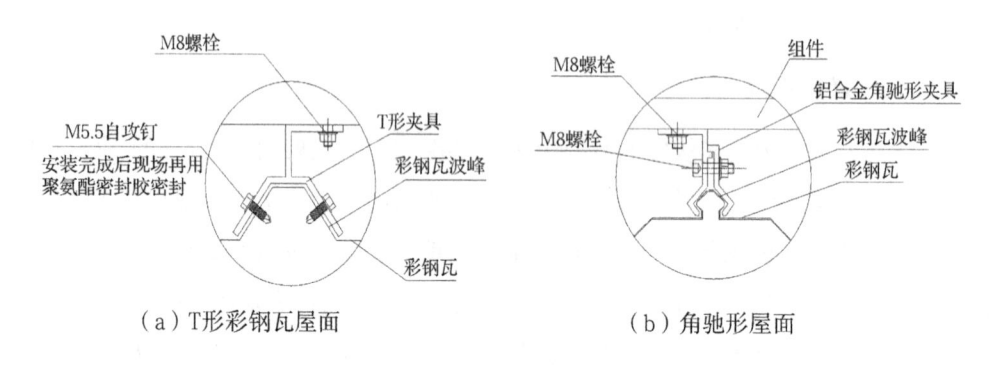

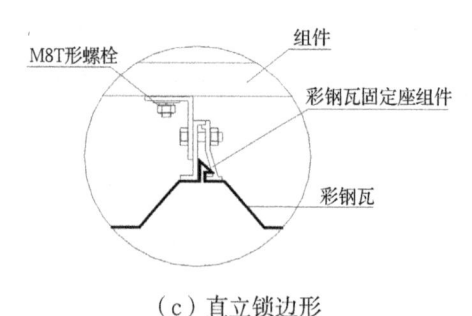

（a）T形彩钢瓦屋面　　（b）角驰形屋面

（c）直立锁边形

图5-4 彩钢瓦与导轨的连接

（2）混凝土类型

混凝土结构屋面的支架及基础（水泥墩）：采用镀锌钢结构固定支架，每个基础采用独立的混凝土配重块直接放置于混凝土屋面板上。按一定倾角布置组件，混凝土屋面支架平面示意和侧立面示意如图5-5和图5-6所示。该基础直接放置于混凝土屋面，不破坏原结构的防水层，无须对原结构屋面防水进行修复。

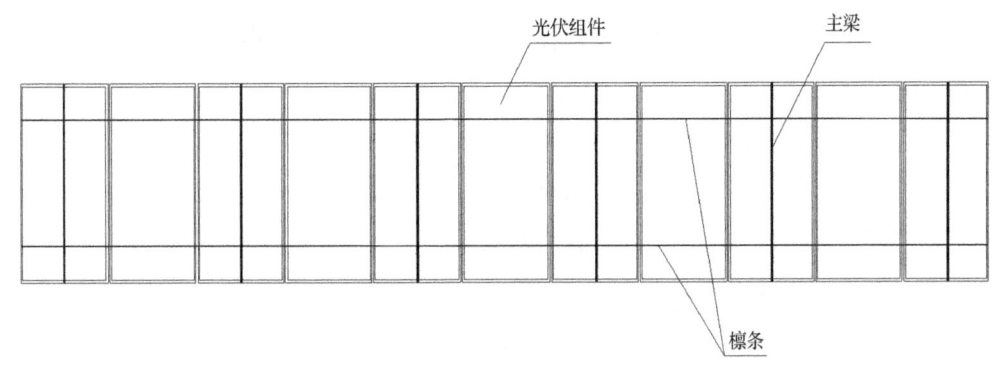

图5-5 混凝土屋面支架平面示意

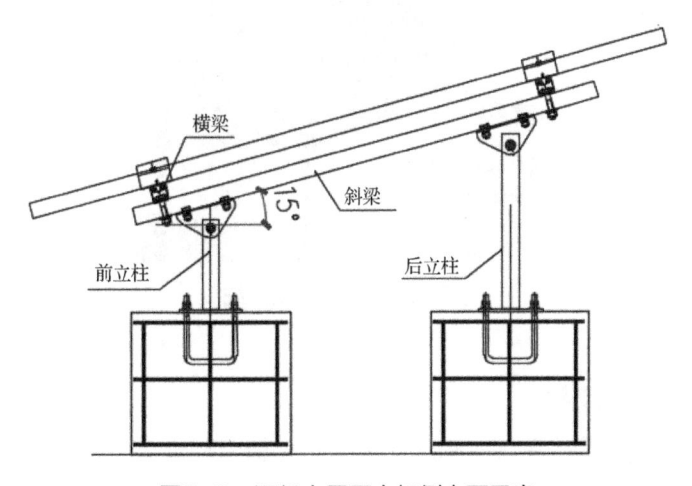

图5-6 混凝土屋面支架侧立面示意

（3）BIPV类型

BIPV（Building Integrated PV）是光伏建筑集成（或光伏建筑一体化）的英文缩写，指采用特殊设计的专用光伏组件，安装时替代原有的建筑材料或建筑构件，与建筑融为一体的光伏系统。BIPV屋顶系统，依据原有屋面檩条及坡度，安装结构包括水槽、横向水槽，起到排水兼支撑作用，相邻水槽的间距与单块太阳能板的宽度或长度对应，水槽顶部两侧翻边起到支撑太阳能板作用，不仅整体结构重量轻、用材省，而且太阳能组件的安装结构极为稳定、使用寿命长，易于安装、拆卸、修葺，可完全替换传统屋顶。

如在既有屋面上安装 BIPV 系统，需要在现有彩钢瓦上方采用光伏专用夹具进行安装，夹具上方安装水槽。例如，在既有建筑屋面或新增建筑屋面在去除已有彩钢板后，在屋面檩条上直接加装 U 形或 W 形水槽，在水槽之上安装 BIPV 光伏系统，无须改造原有厂房结构，安装荷载要求为 $0.14 kN/m^2$，去除原有屋面彩钢瓦后一般建筑均可满足此荷载要求。

安装时通过螺栓将水槽与屋面檩条固定，并将光伏组件通过压块与水槽连接。横向在组件下方采用横向水槽，导水至水槽，水槽终点与厂方原有排水沟相连。水槽安装完成后在组件与组件之间放置防水胶条，使大部分水自组件上方沿组件直接流至排水沟。BIPV 光伏系统如图 5-7 所示。

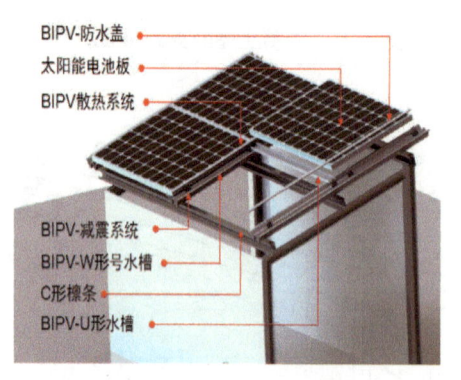

图5-7　BIPV光伏系统

5.3.2.2 跟踪式支架

跟踪式支架可分为平单轴跟踪式支架、斜单轴跟踪式支架和双轴跟踪式支架。

（1）平单轴跟踪式支架

平单轴跟踪式支架，传动形式为链轮式多单元联动。主要由主梁、斜撑、横梁、钢立柱等组成，横梁上固定光伏组件。通过传动轴、驱动机构、链轮等相互连接实现太阳能光伏板旋转。

平单轴跟踪式支架如图 5-8 所示。

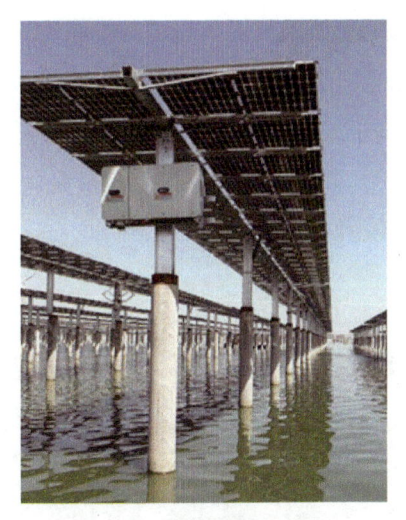

图5-8 平单轴跟踪式支架

（2）斜单轴跟踪式支架

斜单轴跟踪式支架采用轴销转动设计，光伏组件采用单排（横、竖）间隔布置，排与排之间留足泄风间距，使得空气流通、泄风迅速，单位面积受风荷载小，减轻风力对组件的正负压，从而减轻组件隐裂的风险，延长组件使用寿命；支架支撑立柱之间采用网格硬连接，形成一体，大大提高支架的抗风能力。光伏组件随着光照的强度转动。

斜单轴跟踪式支架如图5-9所示。

图5-9 斜单轴跟踪式支架

（3）双轴跟踪式支架

双轴跟踪式支架的结构与斜单轴跟踪式支架相同，采用全地形跟踪体系，即根据不同地形，因地制宜来设计。该系统可实现 3~6 排联动，中间驱动，两边跟随联动，允许坡度范围大可实现东西向 0°~25°、南北向 0°~25°，并且无需人工干涉可实现地基沉降 120mm。双轴跟踪式支架具有较强的复杂地形适用性，完全可以做到随坡就势施工建造，能充分发挥其最大光照跟踪作用，最大化地提升发电效率。

双轴跟踪式支架如图 5-10 所示。

图5-10 双轴跟踪式支架

5.4 分布式光伏项目效益测算

5.4.1 项目功率测算

考虑可利用面积时，要充分考虑女儿墙、屋顶构筑物和设备的遮挡。部分屋顶女儿墙约 1.5m，周边广告牌较多，或布满中央空调和太阳能热水器。年份越久的屋顶，可利用面积的比例越少。一般每 10000 平方米可利用面积，若为彩钢瓦类型可估算项目功率为 800kW，若为混凝土类型可估算项目功率为 600kW。

5.4.2 投资效益评估

以延庆光伏电站为例，延庆光伏电站位于北京市延庆区张山营镇。变电综合楼冬季全部采用红外辐射电暖器供暖，夏季采用分体式空调进行制冷，这导致延庆光伏电站投产以来综合厂用电量相对较高。场站积极采取优化采暖制冷设备运行方式的办法，减少厂用电量。

2019 年，延庆光伏电站在综合厂用电量持续下降的基础上，为进一步降低外购电费支出，提出了在升压站区安装分布式光伏，通过接入 380V 母线段，实现"自发自用，余电上网"的建设模式以降低外购电费的目的。

延庆光伏电站外购电执行的为大工业电价：白天在分布式光伏发电期间用电均处在尖峰、峰段和平段电价区间，可以大量节省综合厂用电，根据 2016 年 6 月至 2019 年 6 月站内负荷用电量年均 501000kW·h 的数据，平均每年白天用电量由分布式光伏提供 254000kW·h 测算，京能延庆分布式光伏项目 25 年预计可实现收入 1091.89 万元，投资内部收益率可达 9.96%，收益预期良好。

截至 2020 年 3 月 20 日，分布式光伏累计实现发电量为 100000kW·h，所发电量大部分在站内消纳，余量上网。延庆光伏电站综合厂用电量较 2019 年同期下降 59000kW·h，预计 5 年内增加收益 85 万元。光伏设备钢结构兼做车棚的设计，还起到美化厂区环境的作用，获得京能清洁能源北京分公司存量项目提质增效及厂区环境改善的双优良成绩。

分布式光伏对减排具有积极意义。根据节能减排计算标准可以得出，每兆瓦电站一年可以节约标准煤 313.97 吨，减排 CO_2 869.52 吨，减排 SO_2 26.16 吨，减排氮氧化物 13.08 吨，减排碳粉尘 237.22 吨。

5.4.3 项目风险

5.4.3.1 经济风险

经济风险指的是因经济前景的不确定性，各经济实体在从事正常的经济活动时，蒙受经济损失的可能性。分布式光伏项目经济风险包括安装成本风险和上网电价波动风险。

安装成本风险：选择不当会因为购买的光伏系统价格过高或光伏组件、逆变器等市场价格上升，而增加初始投资，使得安装成本太高，直接导致投资回报率非常低，收回成本的时间远远超过正常的时间。

上网电价风险：光伏发电上网电价不是一成不变的，会随着市场环境及政府指导政策而波动。如果上网电价下降，则会影响用户的投资收益。

5.4.3.2 政策风险

政策风险是指政府有关市场的政策发生重大变化或重要举措、法规出台引起市场波动而给投资者带来的风险。分布式光伏项目政策风险包括政策持续性风险和屋顶可利用年限风险。

政策持续性风险：光伏发电无论是从并网方式还是上网电价来看都要受到政府

政策的影响，政策的变更会影响用户的投资收益。

屋顶可利用年限风险：随着新农村改造和城镇化建设的推进，一些居民的房屋未来可能需要进行整改或拆除，由此带来两个方面的影响：一是施工会缩短光伏系统工作时间，降低发电量；二是光伏系统移机产生新的安装成本。但值得注意的是，拆迁光伏电站是有补偿的。光伏电站系统拆迁，应当根据《国有土地上房屋征收与补偿条例》进行补偿，补偿金包括：被征收房屋价值的补偿、因征收房屋造成的停产停业损失第三方的补偿，所以，如果拆迁光伏电站，其用户可以得到两部分补偿，一是光伏系统本身价值的补偿，二是光伏未来几年发电总收入的补偿。

5.4.3.3 技术风险

技术风险是指随着科技的发展、生产方式的改变而发生的风险。分布式光伏项目技术风险包括施工质量风险、勘察设计风险、产品质量风险、系统效率风险。

施工质量风险：若要实现光伏系统平稳运行较长生命周期（通常为25~30年），则需要保证施工质量高、安装设备齐全，包括基础配重（水泥墩）的牢固强度、防雷接地的安装、组件连接的稳定性等。此外，暴力安装会造成光伏电池片的隐裂等，进而导致光伏系统的发电量太低。

勘察设计风险：光伏方阵朝向正南（方阵垂直面与正南的夹角为0°）时，太阳电池发电量是最大的。偏离正南（北半球）30°时，方阵的发电量将减少10%~15%；偏离正南（北半球）60°时，方阵的发电量将减少20%~30%。因此，如果光伏系统安装的朝向角度不正确，将大大减少发电量。此外，还应观察装机屋顶附近是否有大的遮挡并合理规避。

产品质量风险：目前市场上的光伏产品众多，质量参差不齐，普遍存在以次充好、用低价吸引顾客的情况，普通用户缺乏相关知识背景，极易买到低质量的光伏组件、逆变器等。

系统效率风险：光伏发电系统的效率无法准确确定，如果发电效率低会影响发电量，进而影响发电收益。

5.4.3.4 环境风险

环境风险是指由人类活动引起，或由人类活动与自然界的运动共同作用造成的能对人类赖以生存、发展的环境产生破坏、带来损失等不利后果的风险。分布式光伏项目环境风险包括遮挡物风险和灾害风险。

遮挡物风险：鸟粪、树叶附着在光伏组件表面会减少发电量；灰尘覆盖在光伏组件上会形成遮挡，直接导致光伏组件的输出功率下降，影响光伏电站的发电量；

灰尘长时间黏附在光伏组件上,有一定的腐蚀作用,时间长了还会使光伏组件产生热斑,热斑效应对于光伏组件来说是不可逆的,一旦出现,没有补救手段,只能更换组件,否则影响光伏系统的发电量,还可能对光伏系统造成安全隐患。灰尘影响在南北方有所差异,南方降水较多,雨水可以冲刷灰尘,对光伏系统的影响相对较小;北方降水较少,且雾霾问题严重,对光伏系统的发电量影响更大。

灾害风险:投资光伏发电是一个长期回报的过程,投资落地后的1~30年有可能发生地震、洪涝等不可抗风险,该风险的发生概率较小,但影响较大。建议投资用户为光伏系统购买保险,因此会产生资本支出。

5.4.3.5 管理风险

管理风险是指管理运作过程中因信息不对称、管理不善、判断失误等影响管理水平的风险。分布式光伏项目管理风险包括售后服务缺失风险、运维成本风险、运维质量风险、合同管理风险。

售后服务缺失风险:在光伏系统长达25—30年的生命周期中,用户当初选择的光伏公司可能已经不存在;有的用户安装光伏系统时贪图便宜,找了不正规的光伏公司,购买了劣质的光伏产品,后期光伏系统出了问题无法及时解决。

运维成本风险:光伏系统的运维成本主要由日常清洗费用、更换部分失效零件和保险费用三部分构成。更换失效零件尤其是逆变器的成本难以确定,此外保险的费用也会有一个浮动。

运维质量风险:安装光伏发电系统是一个短期投资、长期回报的过程,投资收益要靠光伏系统25年的平稳运行,运维质量就显得尤为重要。如果运维质量较低,则会影响光伏系统的发电量,进而减少收益。

合同管理风险:一些用户对安装光伏系统缺乏相应的了解,从而给一些不良商家以可乘之机,例如,用户采用了免费安装的模式实则是光伏贷款,但安装的费用太高导致发电收益覆盖不了银行的还款而造成法律纠纷。

5.4.3.6 用户破产风险

用户破产风险是指用户不再有能力或意愿按时偿还其借款、信用卡账单或承担其他财务义务,导致债权人无法收回所欠款项的概率。屋顶业主破产、建筑物转让及国家征收征用等都可能导致建筑物产权发生变更,从而影响投资方的后续收益。为避免该风险,首先,投资者需要了解用电人的经营状况,评估其合同期内破产、转让建筑物等的风险,并通过当地政府等途径了解合同期内有无征地规划等情况;其次,要求用电人在建筑物产权变更情况下先与新产权人达成协议,由新产权人替代用电人继续履行合同，即债权债务的概括转移。

5.5 浙江分布式光伏的数智化运营

分布式光伏往往存在规模小、分布散、运维难、电费算不清、回收慢等问题，为此，国网浙江电力推出"阳光掌柜"解决方案。"阳光掌柜"是国网浙江综合能源服务有限公司自主研发的用户侧多场景能源结算系统，旨在打造可持续发展的光伏产业链一站式解决方案，以数智赋能分布式光伏行业生态，助力实现"双碳"目标。

5.5.1 运营现状

5.5.1.1 光伏电站能源利用率有待提高

当前大部分投资主体不具备电站专业管理能力，也没有统一的运营管理平台全面实时评估电站健康状况，仅能判断电站是否处于正常发电状态，制约了电站发电效率和安全管理水平的提升。

5.5.1.2 光伏电站安全问题日益严重

当前大部分光伏电站的管理模式较粗放落后，随着分布式光伏装机总量的持续增加，节假日的光伏倒送控制、能耗"双控"中新能源电量控制及电网承压时供需管理等都成为较为严峻的问题。近年来，光伏系统运维不当引发组件热斑、插接头松动等危险情况，导致组件及线路起火事件频发，对用电企业的人身和财产安全构成严重威胁。部分项目管理混乱，甚至根本无人管理，逆变器停止发电、安全隐患等无人过问，造成光伏资源的大量浪费和安全事故的频发多发。

5.5.1.3 光伏运营缺少指导和平台

光伏市场经过近几年的快速发展，部分投资主体被淘汰，留下较多低效分布式光伏项目，一定程度上打击了市场的积极性，降低了投资主体的投资意愿。同时缺少统一管理平台，难以引导行业发展和规范市场行为，急需有效的运营平台和机制营造良好的光伏产业发展生态。

5.5.1.4 光伏运营电费结算复杂且电价存在波动

传统光伏的结算往往依赖现场抄表，结算方式各不相同，导致线下抄表—手工结算这一流程耗费人力且易出现失误。这一流程中的电费结算往往滞后，电费回收周期长，也造成票据工作量增加。电价按月波动，涨价幅度较高，导致转供电电价频繁调整，业主无法清楚解释原因，租户不理解，纠纷时常发生，导致电费回收慢，园区运营成本变相增高。

5.5.2 浙江分布式光伏数字化运营主要做法

为解决以上难题，浙江综能推出面向用户侧的能源结算系统——"阳光掌柜"。面对电费结算流程繁复、回款周期长等痛点，平台作为用户的"电费结算管家"，提供计量、结算、托收代付、自动开票等核心服务，有效缩短电费回收周期和减少运营成本，助力光伏行业快速发展。

"阳光掌柜"系统包括智慧光伏运营管理平台和光伏结算中心系统及对应的绿色金融系统。

5.5.2.1 搭建智慧光伏运营管理平台

智慧光伏运营管理平台是端到端，覆盖从投资决策、建设、运维到投资后评估等环节，提供光伏电站全生命周期产品和解决方案的平台。依托"大云物移智链边"和工业互联网技术，可提供投资测算、运行监测、智能运维、投资后评估等数字化服务，实时监测能源站点状态和数字化光伏资产管理，加快推进"无人值班、少人值守、远程运维"要求的落实，满足光伏投资到运营全生命周期信息化支撑。

该平台可以实现：

- 提供较低的物联接入方案，实现组串级监测；
- 对比区域化大数据，精准判定电站健康状况；
- 具备光功率预测功能，提升用电企业电能预测准确性。

5.5.2.2 建设光伏结算中心系统

光伏结算平台系统是在国家有关促进清洁能源投资健康发展的政策指引下，为光伏投资商提供交易结算、电费托收、资产效益分析等运营服务的企业级创新清洁能源服务产品，依托互联网大数据、云计算等技术，有效解决光伏投资交易过程中计量、结算、收费、资产后评估等企业痛点，赋能提升光伏投资商的电费结算能力、运营效益分析能力。

针对目前光伏运营存在的问题，该平台可以：

- 自动采集电量数据，减少人工手工抄表的成本；
- 提供多种标准计费模型，满足不同业务场景下的计费需求；
- 在市场化售电背景下，使电费账单清晰透明，避免各种交易纠纷；
- 跨行跨域托收代付电费，简化电费收取工作；

- 实现资金的快速回笼，帮助提升投资风险防控能力；
- 实现票据开具的全流程操作，包括发票开具、发票作废、发票红冲等。

5.5.2.3 创新绿色金融系统

当前光伏产业中存在诸多行业金融问题，如如何降低融资难度、如何把控光伏行业放款风险等，"绿色金融服务平台"应运而生。"绿色金融服务平台"是国网浙江综合能源服务有限公司面向光伏投资商，通过与银行合作，打通银行绿色贷款产品，涵盖"额度测算、贷款申请、贷款记录查询、贷后管理"等服务。作为投资商与银行之间的"桥梁"，"绿色金融服务平台"解决光伏投资融资难度大、融资成本高、融资操作难等问题。

针对目前光伏运营存在的金融问题，该系统有如下功能。

- 额度测算：提供统一对外服务接口，一键选择电站，辅助精准预测；
- 贷款申请：便捷发起线上申请，客户信息立即掌握，获客快人一步；
- 贷款记录：直观展示贷款使用情况，一站式查询提还款明细，提升用户体验；
- 贷后信息推送：无需人工操作，自动定时推送电站日常运营信息，辅助贷后风险监控。

银行想要向光伏投资商提供贷款服务，又担心风险过高，通过该系统可以查看投资商所属电站的日常运营信息，帮助银行做好贷后风险监控。光伏投资商希望通过光伏电站进行融资，那么通过该系统，投资商可以选择站点预测贷款额度并申请贷款，缓解投资商的资金压力。

5.6 典型案例

5.6.1 某县图书馆、博物馆屋顶光伏项目

项目建设地点为某县图书馆、博物馆（以下称某图书馆、博物馆）屋顶。双方采取效益分享型合同能源管理模式，合同年限25年，根据现行的浙江电网销售电价协商确定的基准电价为每千瓦·时0.692元，光伏电价按基准电价9折结算。

屋面性质及荷载：屋面为混凝土屋面，对结构专业承载力进行复核，发现其满足光伏工程荷载要求。

面积、装机容量：屋顶可利用面积为1200平方米，装机容量为133.12kWp，采

用320Wp单晶硅组件，总计416块。

并网方式：项目采用380V并入低压配电母线，并网方式为"自发自用、余电上网"，总共1个并网点接入厂区低压配电室。

某县图书馆新馆、博物馆新馆于2019年6月28日开馆。该项目是斥资4亿元，历时3年打造的文化惠民工程。两馆在设计初期进行了绿色建筑设计标识申报，设计了屋顶光伏。该用户电价为10kV大工业电价，用户变压器为2台1600kVA变压器，光伏电消纳率预估为98%，光伏装机容量133.12kWp。

考虑组件效率首年衰减2.5%，第二年至第二十五年平均年衰减率0.6%，整个生命周期组件总衰减16.9%，结合项目地区辐照值，25年总发电量3382500kW·h，年平均发电量135300kW·h，用户光伏消纳收益约8.3万元，上网收益约为0.11万元，年均收益约0.92万元，25年总收益约23万元。

某图书馆、博物馆屋顶光伏项目基本情况总览如表5-1所示。

表5-1　某图书馆、博物馆屋顶光伏项目基本情况总览

光伏系统参数			
光伏装机容量	133.12kWp	造价	67.23万元
25年总发电量	3382500kW·h	年平均发电量	135300kW·h
光伏电消纳率		98%	
市电价格		0.692元/千瓦·时	

5.6.2 某供电公司光伏车棚项目

项目位于某供电公司新建光伏车棚，项目装机容量为204.12kWp，本项目为"全额上网＋固定期限回收"模式，每年某供电公司固定支付33万元，持续5年共计165万元，上网电费25年收益也归该公司。

面积、装机容量：停车场面积为1600平方米，采用315Wp单晶硅组件，装机容量为204.12kWp。

屋面荷载：按光伏荷载要求新建车棚。

并网方式：低压380V并网，采用全额上网模式，按1个并网点接入至低压配电室。

考虑组件效率首年衰减2.5%，第二年至第二十五年平均年衰减率0.6%，整个生命周期组件总衰减16.9%。20年总发电量3946800kW·h，平均每年发电量197300kW·h，每年上网收益约8.2万元，加上5年固定支付165万元，20年总收入

约 370 万元。某光伏车棚项目基本情况总览如表 5-2 所示。

表5-2 某光伏车棚项目基本情况总览

光伏系统参数			
光伏装机容量	204.12kWp	造价	116.96 万元
20 年总发电量	3946800kW·h	年平均发电量	197300kW·h
上网电价		0.4153 元/千瓦·时	

5.6.3 W 市某公司光伏项目

项目建设地点为 W 市某电气股份有限公司（以下称某公司）屋顶。双方采用效益分享型合同能源管理模式，合同签订年限 25 年，根据现行的浙江电网销售电价协商确定基准电价为 0.7375 元每千瓦·时，光伏电价按基准电价 8 折结算。

屋面性质及荷载：屋面为现浇混凝土屋面，对结构专业承载力进行复核，其满足光伏工程荷载要求。

面积、装机容量：屋顶可利用面积为 11232 平方米，装机容量为 799.2kWp，采用 450Wp 单晶硅组件，总计 1776 块。

并网方式：项目采用 380V 并入用户低压配电母线，并网方式为"自发自用、余电上网"，共计 2 个并网点。

建设场地为该公司新建厂房。该公司电价为 10kV 大工业电价，用户变压器为 1 台 2500kVA 变压器，光伏电消纳率预估为 85%，光伏装机容量为 799.2kWp。

考虑组件效率首年衰减 2.5%，第二年至第二十五年平均年衰减率 0.6%，整个生命周期组件总衰减 16.9%，结合项目地区辐照值，25 年总发电量为 21008100kW·h，年平均发电量为 840300kW·h，该公司光伏消纳收益约 42 万元，上网收益约 5 万元，25 年总发电收入约为 1180 万元，年均收益约 10.5 万元，25 年总收益约 260 万元。W 市某公司光伏项目基本情况总览如表 5-3 所示。

表5-3 W市某公司光伏项目基本情况总览

光伏系统参数			
光伏装机容量	799.2kWp	造价	311.69 万元
25 年总发电量	21008100kW·h	年平均发电量	840300kW·h
光伏电消纳率		85%	
市电价格		0.7375 元/千瓦·时	

储能系统技术应用及典型案例

6.1 储能基础知识介绍

随着经济社会和电力技术的持续发展，智能电网成为当下电力系统的发展趋势，但其面临可再生能源消纳和系统灵活性资源不足的挑战。储能是一项将电能灵活转换为其他能源并进行合理利用的重要技术，解决能源生产和使用的空间不匹配、时间不同步等问题，是确保智能电网实现的必备条件，使电能在时间和空间上的运用更具灵活性，创造了能源共享的基础条件。根据电压/功率等级和运行场景的不同，储能系统可分为集中式和分布式。

集中式储能功率等级高，一般为数兆瓦到数百兆瓦不等，接入35kV或110kV母线及以上系统，应用于充放电时间长、功率能量需求大的场景，常见类型为压缩空气储能和抽水蓄能两种。分布式储能功率等级相对较小，一般接入中低压配电系统，功率范围从数千瓦到数兆瓦。基于能量储放外部特征的不同，分布式储能可分为功率型和能量型两类。功率型储能的主要优势是功率密度高，适用于改善电能质量、平抑可再生能源及负荷波动等短时间内高功率需求的场景，常见类型为超级电容、钛酸锂电池、超导磁储能和飞轮等；能量型储能系统能量存储密度大，适用于峰荷管理等对功率要求不高但要求能量较大、放电持续时间长的场景，常见类型有压缩空气储能、化学电池储能等。在实际应用中，储能往往面对多种服务需求，单一储能技术无法满足需求，可同时配置功率型和能量型储能，实现源网荷多端接入，充分发挥不同储能的优势与潜力。

虽然储能系统储能与能量释放的过程中均存在能量损耗，但是通过合理配置储能系统可以有效提高能量利用率并避免弃能现象，降低总运行成本。以光伏发电搭配储能系统的光储联合运行系统为例，该系统在不同光照强度时段分别进行储能系统充电和放电，减少了弃光并填补了光伏出力，实现了削峰填谷；光伏输出随天气变化具有波动性，储能系统可以平滑功率输出，增加光伏出力的稳定性。

当前我国正大力推进新型电力系统建设，新型电力系统赋予储能更为重要的战略地位，使"源—网—荷—储"成为新型电力系统中不可或缺的要素。建设以新能源为主体的新型电力系统，关键是提高系统灵活调节能力，平抑新能源的短时波动，提高较长时段的系统平衡能力。储能可进行大规模容量充放电，能有效满足新能源大规模接入和用户用能方式升级带来的系统平衡新需求，支撑新型电力系统长时间尺度电力电量供需平衡,提高电力系统的安全性。目前,储能已在电力系统的发、输、配、用等环节发挥重要作用,具有广泛的应用前景。

6.2 储能分类

6.2.1 机械储能

机械储能是指将电能以各种形式的机械能存储起来,在需要的时候释放出来,实现时间维度上能源转移的技术。当前较常见的机械储能方式有抽水蓄能储能、压缩空气储能、飞轮储能。

6.2.1.1 抽水蓄能储能

抽水蓄能储能包括上水库、下水库、输水系统、厂房和开关站5个部分,是集抽水与发电于一体的一种储能方式,实现势能与电能的转换,工作原理如图6-1所示。在满足地质和水文等条件的前提下,分别在上下游设置水库;在电力负荷低谷时,将地势低的下水库的水抽到高地势的上水库中,将电能转换为势能;在用电高峰时,再将上水库的水释放,驱动水轮发电机组发电,将势能转换为电能。

当前抽水蓄能技术比较成熟,储存能量巨大,设备使用寿命较长且综合效率高,但是建造受限于地理条件,且在抽水和发电过程中有相当数量的能量损失,建设周期较长,投资成本较大。

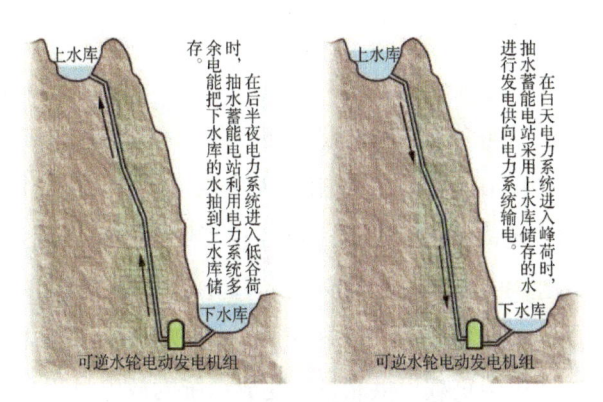

图6-1 抽水蓄能储能工作原理

6.2.1.2 压缩空气储能

压缩空气储能一般包括压气机、燃烧室及换热器、涡轮（透平）机、储气装置、发电机5个主要部件。储能时，压缩空气储能系统用电能将空气压缩并存于储气室；释能时，高压空气从储气室释放，进入燃气轮机燃烧室同燃料一起燃烧后，驱动涡轮机带动发电机输出电能，工作原理如图6-2所示。

该储能模式规模上仅次于抽水蓄能，系统工作时间较长，建造成本和运行成本较低，能大幅减少石油、天然气等燃料的使用量，运行寿命较长，具有良好的经济效益。但是该储能模式需要大型洞穴存储压缩空气，受地理条件限制较大，适用地点有限且效率较低。

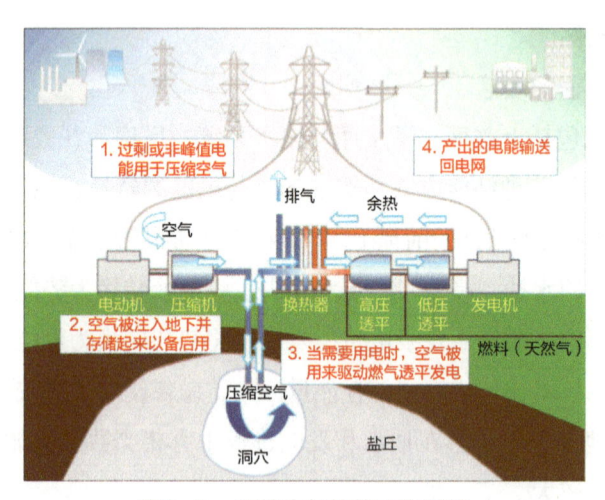

图6-2 压缩空气储能工作原理

6.2.1.3 飞轮储能

飞轮储能一般包括飞轮本体、轴承、电机/发电机、电力转换器和真空室5个主要部件，工作原理如图6-3所示。将能量从外界输入后，电动机将在电力电子输入设备的驱动下带动飞轮高速旋转，这一过程相当于给飞轮储能系统充电；当飞轮转子达到一定工作转速时，电力电子输入设备停止驱动电动机，系统完成充电；当外界需要能量输出时，高速旋转的飞轮转子降低转速，通过发电机的发电功能将动能转化成电能释放，通过给负载提供能量，完成系统的放电过程。

该储能模式使用寿命长且效率高，响应速度快，但是能量密度低，只能持续几秒钟到几分钟，且具有一定的自放电性。

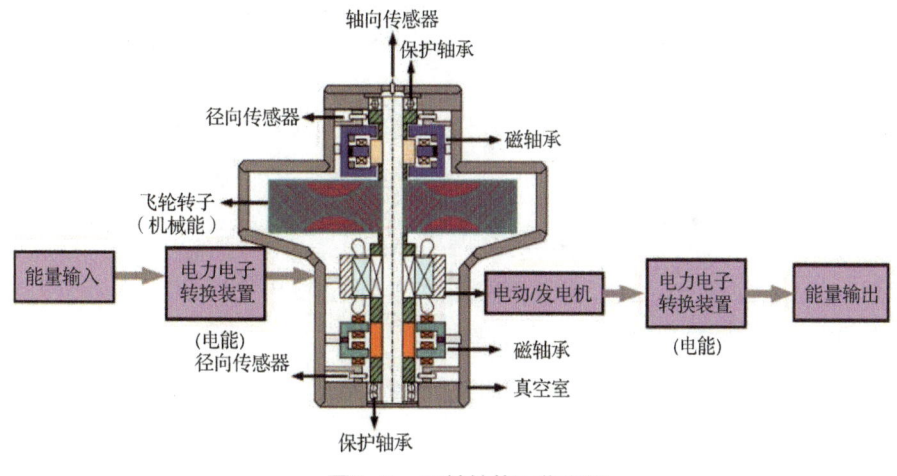

图6-3 飞轮储能工作原理

6.2.2 电化学储能

电化学储能系统以电化学电池为储能载体，通过储能变流器进行可循环的存储与释放。电化学电池主要包括铅酸电池、锂离子电池、液流电池、钠硫电池等，其中锂离子电池在电化学储能领域中占主导地位，这是由于锂离子电池具有功率密度高、寿命长、充放电速度快等特点，且规模化研发和生产效应显著，造价成本逐年较快下降。在锂电池中，磷酸铁锂是目前发展最为成熟的正极材料，并在电化学储能系统中被大量使用。

电化学储能管理系统主要由电池组、储能变流器（Power Conversion System，PCS）、电池管理系统（Battery Management System，BMS）、能量管理系统（Energy Management System，EMS）及其他电气设备构成。电池组是储能系统最主要的构成部分；电池管理系统主要负责电池的监测、评估、保护及均衡等；能量管理系统负责数据采集、网络监控和能量调度等；储能变流器控制储能，电池组的充电和放电过程，进行交直流的变换。电化学储能管理系统如图6-4所示。

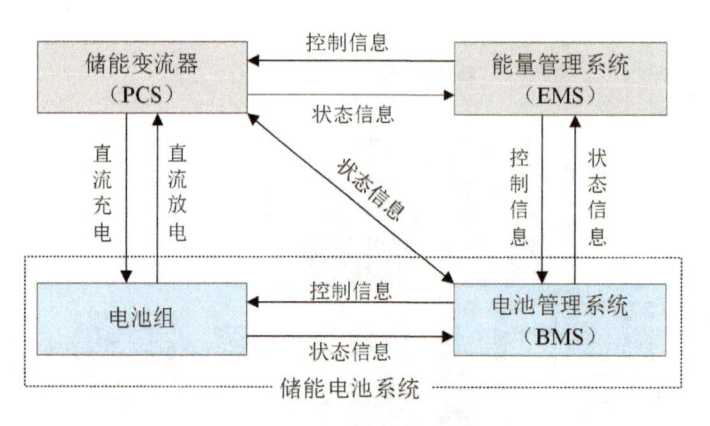

图6-4 电化学储能管理系统

6.2.2.1 铅酸电池

铅酸电池内的阳极（PbO_2）及阴极（Pb）浸到电解液（稀硫酸）中，两极间会产生 2V 的电力，常见铅酸电池如图 6-5 所示。

图6-5 常见铅酸电池

放电状态下，阴阳极及电解液发生如下变化：

（阳极）（电解液）（阴极）

$$PbO_2 + 2H_2SO_4 + Pb \rightarrow PbSO_4 + 2H_2O - PbSO_4$$

（过氧化铅）（硫酸）（海绵状铅）

充电状态下，阴阳极及电解液发生如下变化：

（阳极）（电解液）（阴极）

$$PbSO_4 + 2H_2O + PbSO_4 \rightarrow PbO_2 + 2H_2SO_4 + Pb$$

（过氧化铅）（硫酸）（海绵状铅）

蓄电池连接外部电路放电时,稀硫酸即会与阴阳极板上的活性物质发生反应,生成新化合物"硫酸铅"。放电时,阳极板、阴极板上所产生的硫酸铅会在充电时被分解还原成硫酸、铅及过氧化铅。充电到最后阶段时,电流几乎都用于水的电解,阴极板产生氢,阳极板产生氧。

铅酸电池的优点在于铅酸电池的寿命长,价格低,并且可以大电流放电。缺点在于铅会对环境造成污染,电池能量密度低且过于笨重。

6.2.2.2 锂离子电池

锂离子电池是分别用两个能可逆地嵌入与脱嵌锂离子的化合物作为正负极构成的二次电池。人们将这种靠锂离子在正负极之间转移来完成电池充放电工作的、独特机理的锂离子电池形象地称为"摇椅式电池",俗称"锂电"。常见锂离子电池如图6-6所示。

锂离子电池的优点在于能量密度高、充放电速度快、重量轻且对环境无污染;循环寿命长,一般可达数百次至上千次。缺点在于锂离子电池过充电和过放电时,电池可能发生爆炸。手机中使用的电池都是单体电池,需要良好的保护电路来配合使用。

图6-6 某品牌锂离子电池

6.2.2.3 液流电池

液流电池是利用正负极电解液分开,各自循环的一种高性能蓄电池。液流电池通过正、负极电解质溶液活性物质发生可逆氧化还原反应(价态的可逆变化)实现电能和化学能的相互转化。液流电池电解质溶液(储能介质)存储在电池外部的电解液储罐中,电池内部正负极之间由离子交换膜分隔成彼此相互独立的两室(正极侧与负极侧),电池工作时正负极电解液由各自的送液泵强制通过各自反应室循环流动,参与电化学反应。某品牌液流电池如图6-7所示。

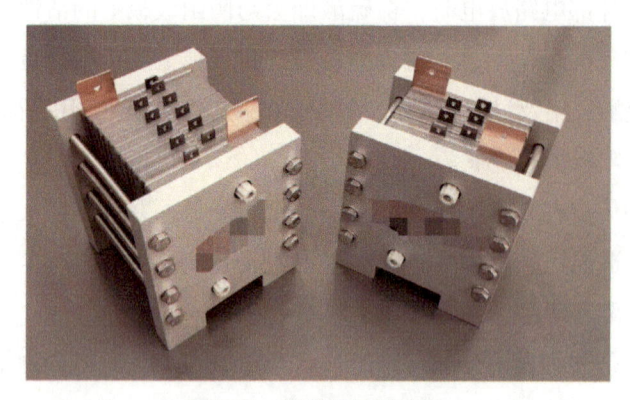

图6-7 某品牌液流电池

液流电池的优点在于使用寿命长，转化效率高，支持过充、过放及深度放电，电池的维护成本低。缺点在于电池的体积相对较大，通常适合大容量存储，正负极电解液互串引起的容量和性能衰减及溴的毒性和腐蚀性等问题难以解决。

6.2.2.4 钠硫电池

钠硫电池是一种以金属钠为负极、硫为正极、陶瓷管为电解质隔膜的二次电池。在一定的工作温度下，钠离子通过电解质隔膜与硫之间发生的可逆反应，形成能量的释放和储存，工作过程如图6-8所示。基本的电池反应式是 $2Na+xS=Na_2S_x$。

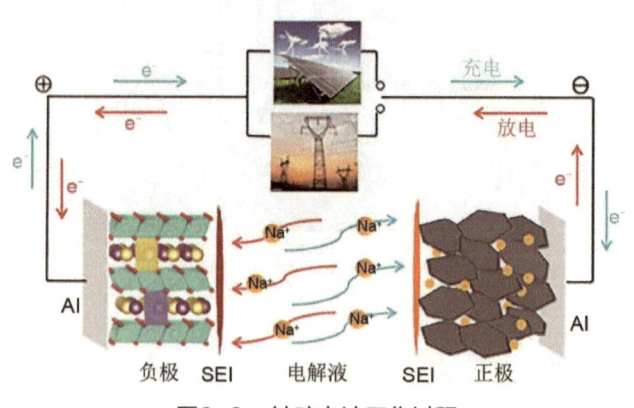

图6-8 钠硫电池工作过程

钠硫电池的优点是它的理论比能量高达760Wh/kg，且没有自放电现象；放电效率几乎可达100%；钠硫电池的基本单元为单体电池，用于储能的单体电池最大容量达到650Ah，功率为120W以上；多个单体电池组合后形成模块，模块的功率通常为数十千瓦，可直接用于储能；钠硫电池已是发展相对成熟的储能电池，寿命可达到 10~15 年。缺点在于高温 350℃即会熔解硫和钠。

6.2.3 电磁储能

电磁储能是指利用电磁场来存储和释放能量的技术。它涉及将能量转换为磁场的形式，以便稍后可以将其恢复为可用能量的过程。

6.2.3.1 超导储能

超导储能的原理，将一个超导体圆环置于磁场中，降温至圆环材料的临界温度以下，撤去磁场，由于电磁感应，圆环中便有感生电流产生，只要温度保持在临界温度以下，电流便会持续下去，图 6-9 为某高温超导磁储能系统。试验表明，这种电流的衰减时间不低于 10 万年。

图6-9 某高温超导磁储能系统

这是一种理想的储能装置，可长期无损地储存能量，转换效率超过 90%，响应速度达到毫秒级，且建造不受地点限制，易于维护。但是当前超导材料的临界温度有待提高，且成本比普通材料高几十倍甚至上百倍，相关技术还有待进一步研究。

6.2.3.2 超级电容器储能

超级电容器是以多孔性材料为电极，由正负电荷层形成的可实现可逆充放电的高静电容量电容器。其储能是通过电解质溶液进行电化学极化来实现的，这种储能过程是可逆的。图 6-10 为某超级电容器储能系统。

与传统电容器相比，它拥有更高的功率密度，实现高比功率和高比能量输出，具有高可靠性、无污染等优良特性。但是若使用不当，会造成电解质泄漏。其还具有较高内阻，不可用于交流电路，储能密度也不如蓄电池高。

图6-10 某超级电容器储能系统

6.2.4 储能技术优劣对比

以上储能技术优劣对比如表 6-1 所示。

表6-1 主要储能技术对比

储能类型		优势	劣势
机械储能	抽水蓄能储能	技术成熟、综合效率高、寿命长	场地要求特殊、储能密度差、建设周期长、投资大
	压缩空气储能	运行时间长、建设成本低、寿命长	场地要求特殊、全过程效率低
	飞轮储能	效率高、寿命长、维护次数少、响应速度快	能量密度低
电化学储能	铅酸电池	寿命长、投资小	环境污染、能量密度低
	锂离子电池	能量密度高、无污染、寿命长	有安全风险
	液流电池	寿命长、转化效率高	体积大、环境污染
	钠硫电池	容量大、效率高、寿命长	对环境温度有要求
电磁储能	超导储能	转换效率高、寿命长、响应速度快	高制造成本、环境温度要求高
	超级电容器储能	功率密度高、高可靠性、无污染	使用不当会造成电解质泄漏、能量密度低

6.3 电化学储能管理系统

6.3.1 储能变流器

储能变流器（PCS），又称"双向储能逆变器"，是储能系统与电网中间实现电能双向流动的核心部件，用作控制电池的充电和放电过程，进行交直流的变换。储能变流器的工作原理是通过交、直流侧可控的四象限运行的变流装置，实现对电能的交直流双向转换。该原理就是通过微网监控指令进行恒功率或恒流控制，给电池充电或放电，同时平滑风电、太阳能等波动性电源的输出。储能变流器由绝缘栅双极型晶体管、印刷电路板、电线电缆等硬件组成，主要功能包括平抑功率、信息交互、保护等，储能变流器决定了输出电能质量和动态特性，很大程度上影响电池的使用寿命。

在实际运用中，储能变流器能够自动化运行，运行状态可视化程度高，设备提供显示屏作为人机界面，通过触摸屏或按键操作可清晰显示实时各项运行数据，实时故障数据，历史故障数据。在多台储能变流器的集装箱设计方案中，储能变流器本体可采用无屏设计，但应有系统显示界面。储能变流器主要具有以下功能。

6.3.1.1 孤岛运行功能

储能变流器除并网运行模式外，还应具有孤岛运行模式，即按照设定的条件脱离主网，在容量范围内为部分负荷提供符合电网电能质量要求的电能。

孤岛运行时，储能变流器应按照设定的条件脱离主网，在容量范围内为部分负荷提供频率和电压稳定的电能。具体要求如下所述。

电能质量：在谐波、电压偏差、电压不平衡度、直流分量、电压波动和闪变等方面应满足国家相关标准；系统内部集成滤波器（有源或无源滤波回路）的，应提供滤波器滤波效果与运行年限数据曲线。

协调控制：变流器应具备在孤岛运行情况下与其他变流器之间自动协调控制的功能，确保孤岛运行时，多组变流器能按照统一的电压、频率向负荷稳定供电，同时能承受正常的负荷波动冲击。

6.3.1.2 有功功率控制功能

双向变流器可自行或根据储能电站监控系统指令控制其有功功率输出。为实现有功功率调节功能，电池储能系统应能接收并实时跟踪执行储能电站监控系统发送的有功功率控制信号，根据并网侧电压频率、储能电站监控系统控制指令等信号自动调节有功输出，确保其最大输出功率及功率变化率不超过给定值，以便在电网故障和特殊运行方式下保证电力系统稳定性。

6.3.1.3 电压/无功调节功能

双向变流器可根据交流侧电压水平或储能电站监控系统控制指令等信号实时跟踪调节无功输出，其调节方式、参考电压、电压调整率、功率因数等参数可由储能电站监控系统远程设定。

6.3.1.4 电压穿越

（1）低电压穿越

电力系统发生故障时，若并网点考核电压全部在储能变流器低电压穿越要求的电压轮廓线及以上的区域内时，如图6-11所示，储能变流器应保证不脱网连续运行；否则，允许储能变流器切出。储能变流器低电压穿越具体要求如下：

- 储能变流器并网点电压跌至 0 时，储能变流器能够保证不脱网连续运行 0.15s；
- 储能变流器并网点电压跌至曲线 1 以下时，储能变流器可以从电网切出；
- 对电力系统故障期间没有切出的储能变流器，其有功功率在故障消除后应能快速恢复，自故障清除时刻开始，以至少 30% 额定功率/秒的功率变化率恢复至故障前的值。

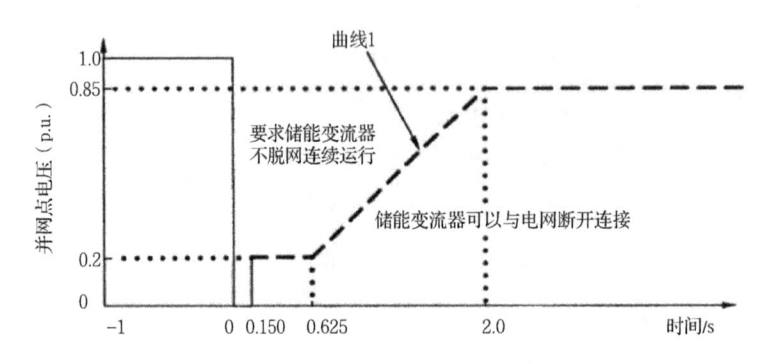

图6-11 低电压穿越时并网点电压随时间变化

（2）高电压穿越

通过 10(6)kV 及以上电压等级接入公共电网系统应具备图 6-12 所示的高电压穿越能力，交流侧电压在图 6-12 曲线 2 轮廓线及以下区域时，储能系统应不脱网连续运行，交流侧电压在图 6-12 曲线 2 轮廓线以上区域时允许储能单元与电网断开连接。

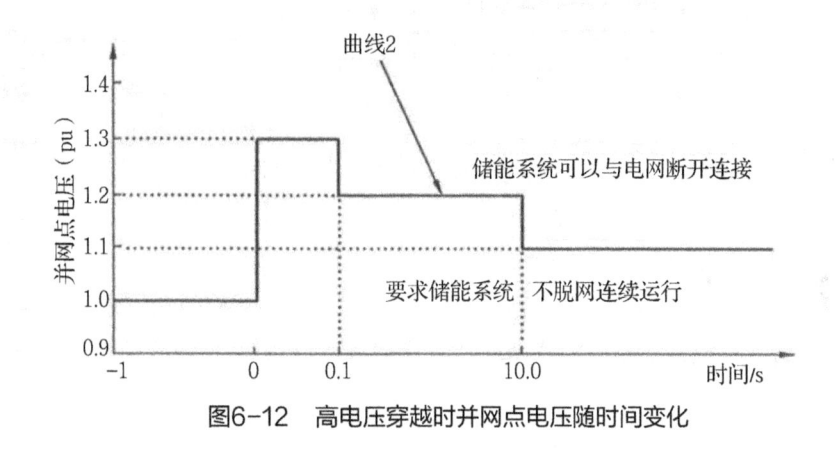

图6-12 高电压穿越时并网点电压随时间变化

6.3.1.5 通信功能

储能变流器应具备至少1路独立的RS485通信接口与电池管理系统通信，应具备至少1路10M/100M以太网与监控系统通信。当储能变流器与电池管理系统及本地监控系统的网络通信中断时，储能变流器应有足够的措施保证设备自身的安全，并维持一段时间的正常运行。所有通信端口必须支持标准MODBUS协议。

储能变流器主要与本地监控系统、电池管理系统进行信息交换，储能变流器将自身的运行状态上送至本地监控系统、监控后台并能接收后台下发的命令及定值，同时可接收电池管理系统信息，对电池进行保护。

变流器需提供以RS485、以太网通信接口及MODBUS规约，变流器接到电池管理系统告警信息后应进行相应的保护动作，为提高可靠性，可增加硬节点故障告警开关量输入信号。

6.3.1.6 故障记录功能

储能变流器因为电池或故障等原因脱网后，应具备重新并网功能。此时设备处于待机状态，可根据后台指令进行开关机动作。

6.3.1.7 并机组网功能

为避免储能变流器直接并联产生的环流影响储能系统稳定性，储能变流器交流侧不得直接并联，必要时可采用分裂式变压器组合。

6.3.1.8 保护功能

（1）直流侧保护功能

直流侧保护应包括：过压/欠压保护、过流保护、输入反接保护、短路保护等。

极性反接保护：当直流输入侧的极性反接时，储能变流器应能可靠保护而不会损坏。极性正接后，储能变流器应能正常工作。

输入过压、过流保护：储能变流器必须具备完备的直流过压、过流保护功能。

蓄电池组的保护：投标储能变流器成套装置不能对与其连接的蓄电池组的性能和安全性产生负面影响。不能出现储能变流器成套装置功能不佳导致与其连接的蓄电池组出现性能劣化和安全等问题。

（2）交流侧保护功能

交流侧保护功能应包括：过压/欠压保护、过频/欠频保护、过流保护、过载保护、过热保护、三相不平衡保护、交流相序保护、防雷保护等。

（3）其他保护

内部短路保护：当储能变流器内部发生短路时（如绝缘栅双极型晶体管直通、直流母线短路等），储能变流器内的保护执行机构应快速、可靠动作。

过热保护：储能变流器应具备机内环境温度过高保护（如着火引起的机箱内环境温度过高）、机内关键部件温度过高保护等基本过热保护功能。

储能变流器内电缆的长期运行温度必须与其连接的元件工作温度严格匹配，投标方必须充分考虑电缆接头处温度对电缆绝缘的影响。储能变流器在任何情况下均不能产生蔓延性火灾。储能变流器机体内应装有环境温度、保护继电器以加强整机的环境控制、保护能力。

降额警告：投标储能变流器在温度过高时可进入降额运行模式，不能直接关机，投标方应在投标文件中明确提供储能变流器的温度降额运行技术数据并提供储能变流器的关机温度设定值。

6.3.2 电池管理系统

电池管理系统俗称"电池保姆""电池管家"，是配合监控储能电池状态的设备，与电芯一起组成电池系统。电池管理系统可以对电池的基本参数进行测量，包括电压、电流、温度等，防止电池出现过充电和过放电，延长电池的使用寿命，同时电池管理系统需要计算分析电池的电池剩余容量（State of Charge，SOC）和电池健康状态（State of Health，SOH），并及时上报异常信息。电池管理系统的拓扑配置应与储能变流器的拓扑、电池的成组方式相匹配，并对电池运行状态进行优化控制及全面管理。在实际使用中，电池管理系统主要具有以下功能。

6.3.2.1 测量功能

电池管理系统应能实时测量与电池的电和热相关的数据,包括单体电池电压、电池模块温度、电池模块电压、串联回路电流、绝缘电阻等参数。各状态参数测量精度应符合下列规定:

- 电流采样分辨率宜结合电池容量和充放电电流确定,测量误差应不大于±0.2%,采样周期不大于50ms;
- 单体电压测量误差应不大于±0.3%,采样周期应不大于200ms;
- 温度采样分辨率应不大于1℃,测量误差不大于±2℃,采样周期不大于5s。

6.3.2.2 计算功能

电池管理系统应能够估算电池的荷电状态,测量充电、放电电能量值(Wh),最大充电电流,最大放电电流等状态参数,且具有掉电保持功能,具备上传监控系统的功能。各状态参数估算精度应符合下列规定:

- SOE估算精度应不大于8%,宜具有自标定功能,计算更新周期应不大于3s;
- 电能量计算误差应不大于3%;
- 内阻的重复精度宜不大于5%。

6.3.2.3 故障诊断功能

电池管理系统应能够监测电池的运行状态,诊断电池或电池管理系统本体的异常运行状态,上送相关告警信号至监控系统和功率变换系统。

储能电站主要设备应采用性能稳定、质量可靠的产品,因设备故障,导致储能单元退出运行的情况频率不得高于2次/月。

电池管理系统和储能变流器应具备告警和故障总信息,并接入调控中心。

全站储能变流器应具备一键紧急停运功能,该遥控信息应接至调控中心。

6.3.2.4 电池的电气保护功能

电池管理系统应具备电池的过压保护、欠压保护、过流保护、短路保护、过温保护、电保护等电气保护功能,并能发出告警信号或跳闸指令,实施就地故障隔离。

6.3.2.5 管理功能

电池管理系统应能对充放电进行有效管理,确保充放电过程中不发生电池过充电、过放电,以防止发生充放电电流和温度超过允许值的情况,主要功能应符合下列要求:

- 充电管理功能,在充电过程中,电池充电电压应控制在最高允许充电电压内;
- 放电管理功能,在放电过程中,电池放电电压应控制在最低允许放电电压内;

• 温度管理功能，应向热管理系统提供电池温度信息及其他控制信号，并协助热管理系统控制实现电池间平均温差小于5℃；

• 电量均衡管理功能，应采用高能效的均衡控制策略，保证电池间的一致性满足要求。

6.3.2.6 管理功能

电池管理系统应具有统计电池充电量、放电量的功能，并具有掉电保持功能。

6.3.2.7 通信功能

电池管理系统与功率变换系统之间应有通信接口，宜有备用接口，作为冗余，同时宜具备1个硬接点接口。电池管理系统与监控系统之间应有以太网通信接口，宜有备用接口，作为冗余。同时，电化学储能电站内，电池管理系统宜单独组网。

6.3.2.8 事件记录功能

电池管理系统应能储存不少于1000条事件。运行参数的修改、电池管理单元告警信息、保护动作、充电和放电开始/结束时间等均应有记录，且时间记录应精确到秒。事件记录应具有掉电保持功能。每条报警记录应包含所定义的限值、报警参数，列明报警时间、日期及报警值时段内的峰值。

6.3.2.9 对时功能

电池管理系统应具备对时功能，能接受IRIG-B(DC)码对时或者NTP网络对时。

6.3.2.10 定值设置功能

电池管理系统应能对电池运行参数、报警、保护定值进行整定，且具备就地和远程修改功能。

6.3.2.11 操作权限管理功能

电池管理系统应具有操作权限密码管理功能，任何改变运行方式和运行多数的操作均需要权限确认。

6.3.2.12 存储功能

电池管理系统应具备足够的容量在线存储30天的信息，且宜采用队列方式存储。

6.3.2.13 故障录波功能

电池管理系统宜有故障录波功能，能够对故障前后的状态量有效记录，电流量记录周期宜不大于50ms，电压量记录周期不大于1s，温度量记录周期不大于5s。记录时间不宜少于10min。

6.3.2.14 显示功能

电池管理系统应能显示确保系统安全可靠运行所必需的信息，如相关定值、模拟量测量值、事件记录和告警记录等。

6.3.3 能量管理系统

能量管理系统虽然在整个储能系统中占比不是很大，却是整个储能系统中极为重要的核心构件。一方面直接负责储能系统的控制策略，而控制策略则影响系统内电池的衰减速率和循环寿命，从而决定储能的经济性；另一方面还监控系统运行中的故障异常，发挥及时快速保护设备、保障安全性的重要作用。该系统应具备模块化、功能集成化的特性，统一协调控制储能成套工程中的各个设备（包括但不限于电池管理系统、储能变流器、系统各测控装置等），同时管理统计储能系统充放电电量与储能系统各组成设备，对其进行调节控制和相关运行参数的采集，并提供一体化的可视化界面。同时，能量管理系统应可支持电网调度，根据调度指令提供有功、无功支撑。在实际运用中，能量管理系统主要有以下功能。

6.3.3.1 显示功能

能量管理系统提供就地或远程人机界面，包括但不限于实时数据监测、历史数据查询、设备控制、参数设置等画面。

6.3.3.2 通信功能

能量管理系统支持 Modbus 或 IEC104 等通信规约，采用标准的设备数据模型及通信服务程序，保证储能设备与就地监控层之间通信的一致性。

6.3.3.3 记录功能

能量管理系统可以实时采集与监视储能系统运行过程中的参数设置动作、运行报警状态、保护动作过程、充放电开始/结束事件、电池容量及健康状态等信息，能够对采集数据进行合理性检查、限值告警上述信息可以自动同步保存，时间记录可精确到秒，并掉电保持。应保存最近 6 个月的历史数据。

6.3.3.4 控制功能

能量管理系统支持多种方式控制储能系统充放电运行工况，包括：电网调度的远程控制指令；自动执行能量管理系统中既定的充放电运行计划；检修调试过程中，通过远程或就地方式手动控制储能系统的运行工况。

6.3.3.5 保护功能

能量管理系统采集系统内辅助设备工作状态，如温控系统、消防系统等安全设备，形成电气联锁，一旦检测到故障，及时切断正在运行的电池成套设备。能量管理系统与储能变流器及电池管理系统实时通信，实时采集储能变流器设备及电池设备的运行工况，根据制定的储能系统保护策略及热管理策略，确保储能系统的安全稳定运行。

6.3.3.6 采集功能

能量管理系统采集电池管理系统的各组电池的总电压、电流、平均温度、充放电电流和功率限值、最大/小单节电池电压及编号、最大/小单节电池温度及编号、各节电池的均衡状态、故障及报警信息、可充电量、可放电量等常用信息并进行显示。同时，能量管理系统采集并显示储能变流器系统的相关参数，包括直流侧的电压/电流/功率等、储能变流器的三相有功功率、无功功率、三相电压、三相电流、功率因素、频率、运行状态、报警及故障信息等，以及充放电电量等。

6.3.3.7 操作权限管理功能

能量管理系统具有操作权限密码管理功能，改变运行方式和运行参数的操作均需权限确认。

6.3.4 安全管理系统

电化学储能电站的运行状态包括正常安全运行状态、正常不安全运行状态、不正常不安全状态及严重事故状态。当处于正常安全运行状态时，各层级设备均运行在规定的参数范围内，不存在严重的风险因素；当存在一系列风险源并交互作用后，电化学储能电站的安全水平逐渐降低，电站进入正常不安全运行状态，此时虽然电站还处于正常运行状态，但个别设备或运行环境参数已临近故障边缘；若未及时对风险源采取有效的预防性措施，电化学储能电站会进入不正常不安全运行状态，此时电站的设备超过安全运行限值而发生故障，应及时采取隔离故障设备等措施，避免事故发生；当电化学储能电站进入严重事故状态阶段时，会威胁人身财产安全，应尽可能抑制事故蔓延，使电站恢复到正常运行状态。

6.3.4.1 第一道防线：主动风险源辨识

第一道防线主要监测电站的安全诱因和风险源状态，快速准确地隔离存在风险的设备、解除安全诱因和风险源，不损失电站设备和运行能力。

以电池本体为例，电池热失控经历缓慢的演化过程。目前，主要依靠能量管理系统评估电池状态，评估较粗糙，且缺乏对电池安全阈值自适应调整的能力，加之能量管理系统自身存在失效风险，不具备电池风险预警能力。构建电池的第一道安全防线后，通过多时间尺度多场耦合建模仿真并与实测数据交互，分析电池外部特征变化的内在诱因，评估状态演化趋势，定位潜在安全风险，从源头降低电池热失控风险。通过能量管理系统监控电池单体及模块温度，配备主动热管理系统以切断热失控线路，阻止电池因外部过热所导致的热失控。针对水分、盐雾、粉尘降低电池内模块绝缘性能的问题，通过电池簇控制器（Battery Control Unit，BCU）实现对电池系统的绝缘监测，并基于空气、湿度等环境参数，对绝缘脆弱的电池或电池模块进行及时排查更换，避免化学电池以外部激源为路径触发系统火灾。同时，通过监测数据和管控系统输入参数反映管理系统的管控滞后甚至失效。

6.3.4.2 第二道防线：主动故障预防

第二道防线利用保障储能电站安全运行的安全自动装置和安全预警系统，通过自动或人工控制，允许损失部分电化学储能电站的运行能力，避免元件过载和各类故障发生，实现电化学储能电站在线故障诊断。

仍以电池为例，当感知电池将发生热失控故障时，提前5~15min预警热失控，及时启动隔离和消防系统，避免事故恶化。如果发生突变型电池故障，则通过气体传感器配合烟雾传感器、火灾探测器、温度传感器等，进行电压、电流、温度等特征的联合提取，并根据电池热失控特性，设定相应的传感器预警阈值，当不同参数达到所设阈值时，预警热失控异常可采取下一步措施，避免热失控蔓延。同时，多维度比较特征参数，采用基于概率分析的离群点检测方法进行单体间的横向比较，采用轨迹特征拐点识别方法进行特征演变分析，降低故障误报的概率。

6.3.4.3 第三道防线：主动事故处理

第三道防线主要启动火灾、爆炸、化学风险和电气事故应急预案，准确辨识事故程度和演化趋势，进行温度、气体控制，及时解决或隔离事故，采取一切必要手段避免人身伤亡，防止电化学储能电站崩溃。

以电池热失控后的事故处理为例：在电池发生火灾的前期，CO、烟雾等传感器报警，触发柜内消防，切断集装箱电流，启动多级灭火装置、有毒气体检测传感器，上报火灾信号，将火灾控制在安全可控状态，防止事故恶化；在电池火焰被熄灭后，将热失控产生的大量可燃易爆气体排出电池模组或预制舱，防止发生爆炸，并更换损坏的电池柜，清理残留的灭火剂，使电化学储能电站回到安全无隐患状态；当发生爆炸事故时，应及时在电池预制舱中释放惰性气体，抑制可燃气体发生二次爆炸，并大面积喷洒干粉或将集装箱注水淹没，阻断火焰燃烧。在应急预案方面：预设火灾对周围环境造成的危害程度，拟定应急行动方案和火灾应急预案；预先明确组织机构及职责，报警、应急疏散、扑救初起火灾的程序和措施，附近的后备水源及取水设施，通信联络、安全防护救护的程序和措施，运维检修人员的消防安全培训等。

6.4 电化学储能运行管理

储能运营商与工业园区内大用户签订能源管理合同，储能运营商作为储能投资方，占用用户的场地资源建设和运营用户侧电池储能系统。用户侧电池储能系统对大用户用电进行削峰填谷，赚取峰谷电价差，其系统如图 6-13 所示。

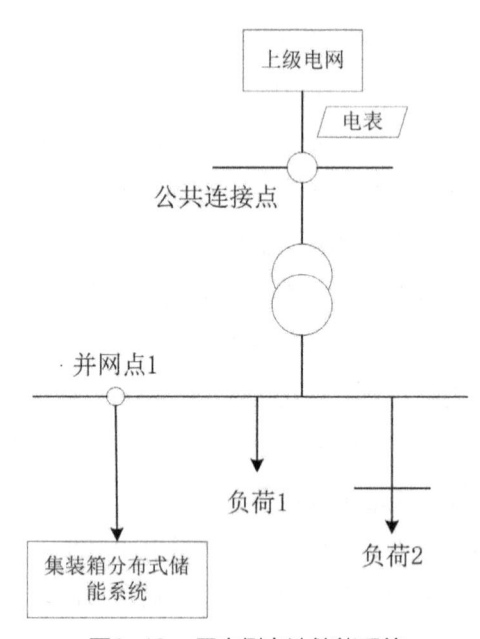

图6-13 用户侧电池储能系统

从图 6-13 可知，在用户侧电池储能系统并网点处设置双向计量表计，用于计量储能系统的充放电电量。储能系统的放电行为将导致用户与上级电网公共连接点处下网功率下降，减少用户用电成本，转由用户侧电池储能系统供电，储能运营商将按照当地峰谷电价的一定折扣向用户收取储能放电电量对应的电费，优惠部分用于抵扣用户场地租金。用户与储能运营商之间建立平衡账户，用户侧电池储能系统放电和充电产生的费用相互抵消，多退少补。用户侧电池储能系统由储能运营商投资，储能运营商对用户侧电池储能系统充放电拥有控制权。电池储能除追求自身收益最大化外，还可配合完成电力调度机构对工业园区下达的削峰指令或参与需求响应。

6.4.1 削峰填谷运行模式

按照当前尖峰谷电价标准，为通过储能获取自身最大收益，可通过处在谷时电价时向储能装置充电，在峰时电价时向电网放电实现收益最大化。储能按照自身收益最大化方式运行，仅在低谷电价时段充满，在高峰电价时段放完。在此运行方式下，储能运营商通过用户一方面按照当地峰谷电价向电网公司支付低谷时段的充电电量对应费用；另一方面按照当地峰谷电价，给予用户一定额度的优惠，向用户收取储能放电电量对应的费用。该模式下，储能不参与电网削峰辅助服务或需求响应。

该模式下，储能按照自身收益最大化运行，在低谷电价时段充满，仅在高峰时段放电至电池达到放电深度临界值，全天充放电循环一次。收益可由式6-1计算而得。

$$M_A = (C \times \mu \times P_h \times D_A - C \times P_1) \times N_A \quad \text{（式6-1）}$$

式中，A 为削峰填谷单次充放电循环模式；M_A 为用户侧储能系统在削峰填谷单次充放电循环运行模式下的直接年经济收益；C 为考虑电池SOC上下限后的实际可用容量；μ 为电池综合利用效率；P_h 和 P_1 分别为项目所在地的峰值电价和谷段电价；D_A 为储能系统在此运行模式下的放电电费折扣；N_A 为一年中储能系统在此运行模式下的天数。

6.4.2 多日多次运行模式

为了进一步从峰谷电价差中获利，储能还可以在一天当中进行多次充放电循环。此时，储能系统不一定在谷段充电、峰段放电，其每日最大充放电循环次数与项目储能配置容量、当地峰谷电价机制有关。以某省现行峰谷电价时段为例，某省现行峰谷电价机制如图6-14所示。假设该省某工业园区建设运营容量为0.5MW/1MWh的锂离子电池。该电池储能每次充（或放）电时间为2小时，假设电池按最佳方式运行，即根据电池储能由荷电状态（State of Charge, SOC）下限连续充电至SOC上限，然后由SOC上限连续放电SOC至下限，则此项目配置的用户侧储能系统每日最多可完成3次完整的充放电循环，如表6-2所示。该模式下，储能也不参与电网削峰辅助服务或需求响应。

图6-14 现行峰谷电价政策

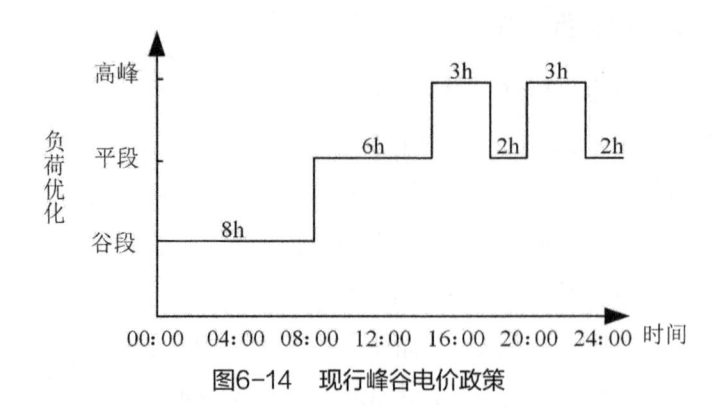

表6-2 锂离子电池每日充放电时段分析

序号	充放电状态	持续时间/h	时段
1	充电	2	谷段
1	放电	2	平段
2	充电	2	平段
2	放电	2	峰段
3	充电	2	平段
3	放电	2	峰段

该模式下，储能系统可以根据实际容量配置和当地峰谷电价时段分布，每日进行多次充放电循环，其收益可按式6-2计算。

$$M_B = N_B \cdot \sum_{i=1}^{K} (C \times \mu \times P_{out,i} \times D_B - C \times P_{in,i}) \quad （式6\text{-}2）$$

式中，B 为每日多次充放电循环运行模式；M_B 为用户侧储能系统在每日多次充放电循环运行模式下的直接年经济收益；为一年中储能系统在此运行模式下的天数；K 为储能系统每日充放电循环次数；$P_{out,i}$、$P_{in,i}$ 分别为按照当地峰谷电价目录第 i 次充放电循环中的放电电价和充电电价；D_B 为储能系统在此运行模式下的放电电费折扣。

6.4.3 参与互动响应运行模式

在互动响应模式下，储能除可运行在削峰填谷单轮或多轮循环外，也可以与电网侧互动或者参与需求响应。当电力调度机构给工业园区下达削峰指令时，工业园区综合能量管理系统通过互动机制，给园区内的可控资源下达相应的指令。此时，若园区内的用户侧电池储能系统接收到放电指令，不论是否为高峰电价时段，均可执行该放电指令。在参与电网侧互动或需求响应时段，储能运营商的收益为参与互动响应的收益，与具体的园区的互动机制有关，存在个体差异性。

当电力调度机构向工业园区下达削峰指令或者参与需求响应时，用户侧电池储能系统的运行要兼顾削峰需求。实际情况中，电力调度机构向工业园区下达削峰指令的时间很少，且总的削峰电量占全年工业园区总用电量的比例很小。为便于计算，在此忽略参与削峰辅助服务导致储能其他运行模式下的收益变化量。用户侧储能系统的互动响应收益可由式 6-3 计算而得。

$$M_C = L_{over} \times \alpha \times P_{DR} \qquad (式6\text{-}3)$$

式中，C 为参与互动响应运行模式；M_C 为用户侧储能系统互动响应收益；L_{over} 为全年工业园区响应电力调度机构削峰指令的总电量；α 为该用户侧电池储能项目参与整个工业园区互动响应的比例；P_{DR} 为互动响应电量补偿单价。

6.5 电化学储能系统应用案例

6.5.1 Z市某公司储能项目

项目位于Z市某工业园，在用户侧配置分布式储能，通过削峰填谷取得收益。项目储能电站位于某公司内，总占地面积约84平方米。项目建设总规模共为1560kW/2860kWh，共配置13台120kW/220kWh储能系统设备。其中10台设备布置于配电室外，地面需建储能设备基础，该项目的储能系统标准储能柜如图6-15所示。

图6-15　标准储能柜

储能系统将直流电逆变为交流电后，通过新建低压储能并网柜与厂区0.4kV母线连接。其选用"谷充尖放"充放电模式,在正常工作日 22:00-8:00、11:00-13:00 负荷低谷时段进行充电,在 9:00-11:00、15:00-17:00 尖峰时段以恒定功率或跟随负荷策略向用户释放电能,减小电网峰谷负荷功率差值,并减缓线路供电压力。

项目执行峰谷套利的运行方式,运行策略主要遵循谷电价时充电,峰电价时放电(具体放电时间和功率可调),在谷电价时段电池的充电容量从 5% 到 90%,考虑系统为 0.5C 的配置,按照最新浙江省电价结构系统充放电策略可设置为一天两充两放,储能系统每天以两个满容量"尖峰—谷"价差套利。用户侧峰谷套利运行方式如图 6-16 所示。

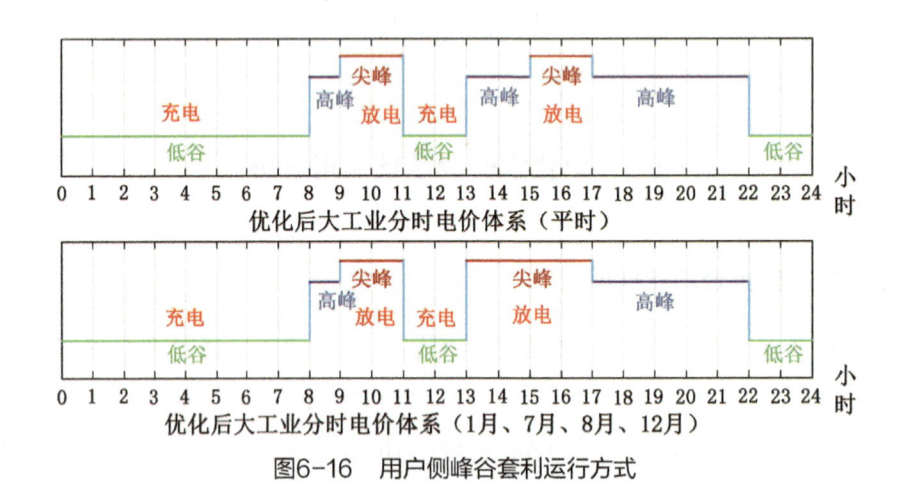

图6-16 用户侧峰谷套利运行方式

考虑场地安全性,项目选用磷酸铁锂电池,如图 6-17 所示。磷酸铁锂电池具有较高的比能量和比功率,可 0.5C~3C 放电,倍率范围宽,大倍率放电性能优异,化学响应时间短(2ms),充电接受能力强、可大电流充电,可实现系统的调频、调压。在大于80%DOD放电深度下充放电寿命大于6000次,充放电效率达95%以上。项目选用 3.2V/50Ah 的磷酸铁锂电池,如图 6-18 所示。

如图 6-18 所示,72 个 3.2V/50Ah 电池单体组成 6 并 12 串的电池模组,额定电压 38.4V,电池组由 20 个电池模组组成。电池舱内部包括热管理模块、消防模块、电池管理模块、电池簇,内部的主要布置如图 6-19 所示。

图6-17 单体电池

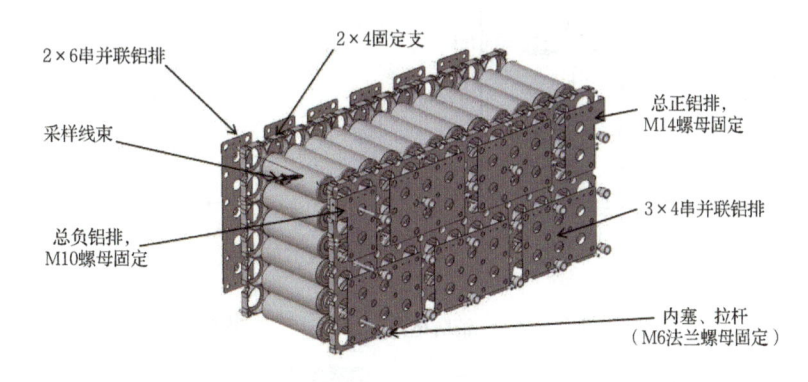

图6-18 电池模组

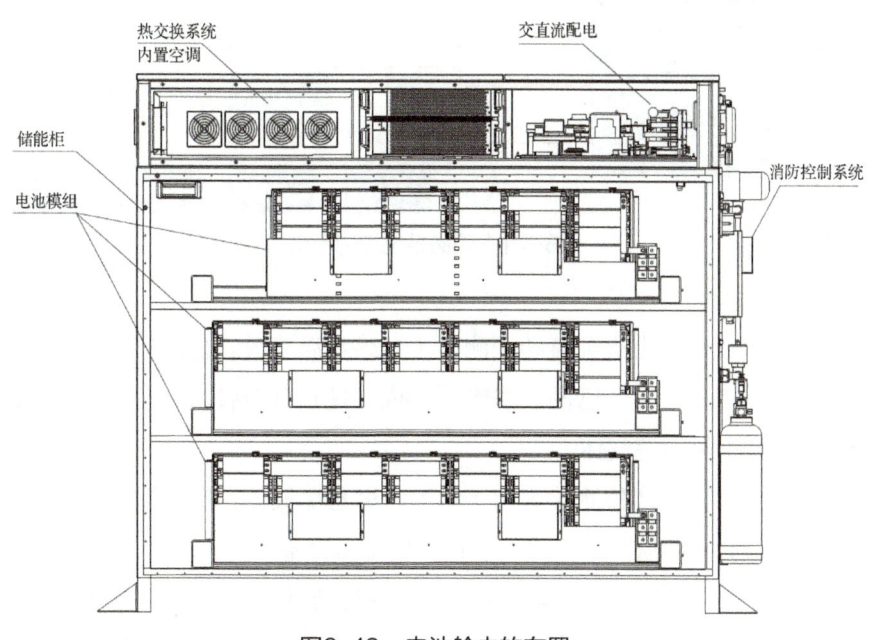

图6-19 电池舱内的布置

本项目储能设备消防系统包括检测系统、自动报警系统、自动气体灭火系统及云监控功能，图 6-20 和图 6-21 分别为消防系统结构示意和消防系统控制示意。

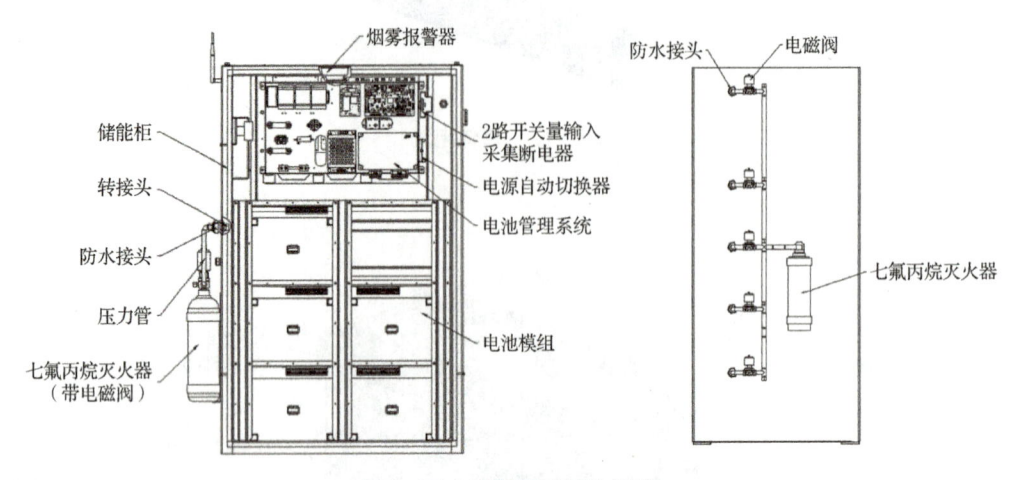

图6-20　消防系统结构示意

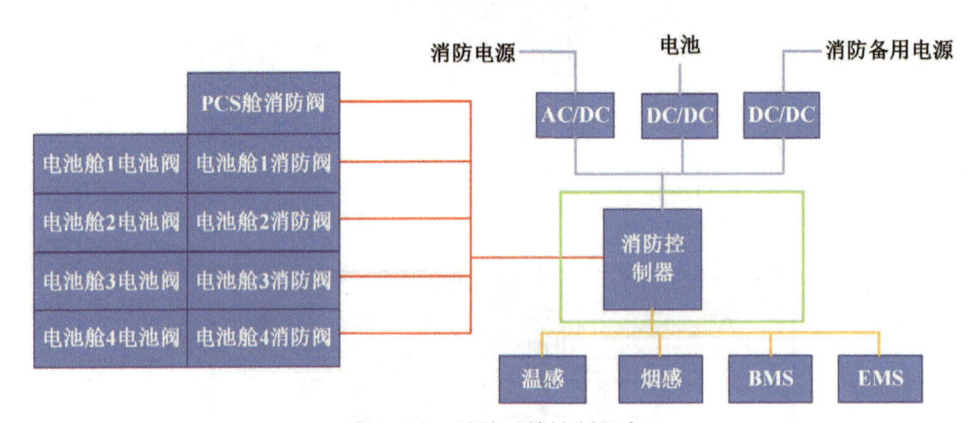

图6-21　消防系统控制示意

自动气体灭火系统由火灾自动探测器（烟感和温感）、自动报警控制器、自动控制装置、固定灭火装置及管网、喷嘴等组成。具有自动启动和手动启动方式，灭火剂是气溶胶和七氟丙烷气体。

设备配置可燃性气体检测装置用于检测易燃易爆气体，当检测到的可燃性气体浓度达到设置值时，即启动风机将可燃性气体排至设备外。

灭火系统自动启动后，首先气溶胶灭火系统启动，将热失控范围尽量控制在PACK内。如果热失控范围进一步扩大，灭火系统释放七氟丙烷气体，达到一定的灭火浓度时，固体颗粒裂解产物 K 以蒸汽或离子的形式存在，瞬间与活性基团 H、

OH 和 O 等吸附并发生化学反应，从而消耗燃料活性基团，使燃烧的链式反应受到抑制从而达到灭火的效果。消防电缆设计，电缆采用阻燃电缆。电气系统和储能系统一、二次电缆采用 B 级以上阻燃电缆，消防系统采用 A 级以上阻燃电缆。

系统具备云平台监控控制系统，通过 4G/5G 云端网络，可实时获取电池管理系统、储能变流器及其他辅助设备实时数据，基于云计算的数据采集、分析、远程控制技术，结合专家模型对设备的实时数据进行分析，实时监控设备的运行状态，并结合分类及多元回归的方法对统计数据进行分析，长期不间断地优化专家模型，评估设备状态，云平台具备自诊断、自恢复及人工维护自动调度的无线网络系统设计。

6.5.2 Q市某乡储能站

项目位于 Q 市某乡，是 Q 市最偏远的自然村之一，全村只有一条极为狭窄的小路通往乡镇，开车要耗时 2 小时。全村的供电处于电网末端，线路通道经过自然保护区，无法组立高大铁塔，运行条件差。尤其在冬天，遭遇雨雪冰冻天气时经常停电，给当地村民的生活带来极大影响。

项目作为 Z 省首个 0.4 千伏储能电站，总投资约 240 万元，储能功率为 30 千瓦，储能电池容量为 450 千瓦时，由 12 个储能模块和 1 台储能变流器构成，所有设备布置在 1 个集装箱内，与村里变压器低压侧相连，实现电能的双向转换流通，如图 6-22 所示。

图 6-22 Q 市某乡储能站

这一项目为村级分散式变电站能效和极端天气条件下电源应急保障提供了示范案例。电站的启用将为村民持续提供可靠供电，一旦外部电网失电，此电站就能以毫秒级的速度切换上场，提供应急电源支撑，保障该村的供电。

绿电应用及典型案例 7

7.1 绿电交易业务介绍

7.1.1 绿电定义

绿电指的是在生产电力的过程中二氧化碳排放量为零或趋近于零，相较其他方式（如火力发电）所产生的电力对环境的冲击影响较低。绿电的主要来源为太阳能、风力、生质能、地热等，我国的绿电以太阳能及风力为主。

7.1.2 绿电交易的定义

绿电交易是以风电、光伏等绿色电力产品为标的物，是电力中长期交易框架下的一类交易品种，用电企业通过交易平台采用竞价、双边协商、挂牌交易等方式，购买新能源发电企业的绿色电力，通过交易合同、结算凭证、绿色电力证书（GECs）等证明企业在生产过程中使用了绿色电源的交易方式。开展绿电交易，一方面能有效体现新能源的绿色属性和环境价值，满足外向型企业使用绿电的迫切需求；另一方面，新能源行业可通过市场化交易获得额外收益，也能积极促进行业的可持续发展。与绿证交易电证分离、更多体现绿电的金融属性相比较，绿电交易为电证合一、证随电走，开展绿电交易后，用户可获得相应的绿色电力交易证明，绿电的绿色属性与电力捆绑销售，交易形式简单，容易理解和实现。

绿电交易是中长期交易的品种之一，需要符合中长期交易规则，但由于其发电侧交易主体为风电、光伏等新能源，其交易价格体现新能源的绿色属性，因此绿电的交易结算具有独立性和特殊性。具体内容如下所述。

电量交易为主。由于新能源的波动性、随机性和不可预测性，当前浙江绿电交易以电量交易为主，交易周期以年、月为主要单位，结算则为月结月清。

优先结算。为了促进新能源的消纳，绿电交易在所有中长期交易品种中具有优先执行和优先结算的特点，即用户在签署多种中长期合约的情况下，将优先执行绿电合约。

证电合一。绿电交易具有物理执行的特点，这也是其发放绿电交易凭证的重要基础，绿电交易量与绿电交易凭证直接挂钩，其可以直接证明用户消纳了该部分绿电，绿证交易更多侧重于金融属性，无法直接证明用户消纳了绿电。

绿色权属单独结算。当前绿电交易主要是用户侧加价的交易，较基准价上涨部分交易价格体现了新能源的绿色价值，加价部分通常以单一价格结算到新能源发电企业。

7.1.3 碳核算的定义

碳核算是测量工业活动向地球生物圈直接和间接排放二氧化碳及其当量气体的措施，是控排企业按照监测计划对碳排放相关参数实施数据收集、统计、记录，并将所有排放相关数据进行计算、累加的一系列活动。

碳核算可以直接量化碳排放的数据，还可以分析各环节碳排放的数据，找出潜在的减排环节和方式，这对碳中和目标的实现、碳交易市场的运行至关重要。

7.2 绿电交易发展历程

为推动能源消费结构和产业结构绿色化转型、提高社会可再生能源的消纳能力，2017年1月国家发展改革委、财政部、国家能源局联合发布《关于试行可再生能源绿色电力证书核发及自愿认购交易制度的通知》，标志着我国绿证交易机制的确立。2019年5月，国家发展改革委、国家能源局联合发布《关于建立健全可再生能源电力消纳保障机制的通知》，要求依据各省级行政区域的电力消费情况确定可再生能源电力消纳责任权重。以此为契机，配额制下的绿证交易制度改革进一步深化，但受市场制度不完善、交易激励不足等因素的影响，绿证交易试点市场并不活跃，可再生能源消纳目标难以达成。与此同时，我国可再生能源发展持续向好，装机规模稳步扩大，部分跨国公司和外向型企业也因面临产品生产的碳排控制要求而不断提升绿电使用需求。面对配额约束、供求增长与市场机制缺位的矛盾，绿电交易应运而生。

2020年12月和2021年6月，浙江和广东开创性地开展直购与代购绿电交易试点，首笔绿电成交量分别达到1400万千瓦·时和245万千瓦·时。随后，《绿色电力交易试点工作方案》正式通过，绿电交易于2021年9月7日在全国范围全面启动，共17个省份259家市场主体参与首场绿色电力交易，达成交易电量79.35亿千瓦·时，折合节约标准煤244万吨，减少二氧化碳排放607万吨，成交电价与当地电力中长期交易价格存在0.03~0.05元/千瓦·时的差值，表现为绿色电力价格除基础"电量价格"外的"环境价值"。同时，国家持续完善绿电交易机制顶层设计，陆续出台《促进绿色消费实施方案》《关于加快建设全国统一电力市场体系的指导意见》《关于完善能源绿色低碳转型体制机制和政策措施的意见》，旨在刺激社会绿电消费潜力、提高配额制下绿电市场化消纳水平、着力促进能源绿色低碳转型。2022年2月和5月，《南方区域绿色电力交易规则（试行）》和《北京电力交易中心绿色电力交易实施细则》的相继试行，明确"证电合一"的绿电交易模式、交易程序和规则，推动区域绿电交易实践。2021年9月至2022年9月，累计达成交易电量200亿千瓦·时，但与总市场交易电量38889.3亿千瓦·时相比，仍占比较小，绿电交易仍处于试点阶段。

7.3 绿电交易方案介绍

7.3.1 绿电交易流程

7.3.1.1 售电公司和电力用户参与绿电交易

市场主体注册：每月15日（M-1月）前，售电公司、电力用户需完成交易平台注册手续，具备参与交易的条件。

零售关系绑定：售电公司A在1月（M-1）月的15日前，与电力用户B在浙江电力交易中心零售平台完成常规电的合同签订，协议生效期为2月（M月）至12月，即认为A与B已形成零售绑定关系，则用户B只能向售电公司A购买2月（M月）至12月的绿电。电网代理用户、批发用户和售电公司可直接与发电企业开展绿电交易。

绿电合同签订：售电公司在M月或M+1月16日起5个工作日内，通过浙江电力交易中心零售平台提交绿电零售合同。绿电零售合同需确定为年度（执行时间从某月开始至12月结束的合同均视为年度合同）、月度，售电公司与零售用户一方提交，另一方确认后，零售合同不得更改。月度零售合同当月结清，未完成部分不滚动，年度零售合同当月结算后剩余合同电量滚动至次月继续结算，12月底仍未完成部分不滚动。月度零售合同结算优先年度零售合同，同一售电公司与同一零售用户同一月份同一类型零售合同超过一笔时，按照确认时间自动排序确定结算优先次序。

批发交易：售电公司根据交易中心每月发布的交易公告，完成M月及M+1月的绿电交易。

绿电可结算电量申报：每月底前3个工作日，售电公司根据用户M月实际用电情况，在零售平台完成可结算绿电的申报，售电公司若不提交的，则用户M月绿电可结电量默认为合同电量。

绿色电力消费凭证上链：每月底最后1个工作日前，售电公司登录北京电力交易中心平台或"e-交易"APP分解M月电量，用于用户绿色电力消费凭证的电源溯源上链。

绿色电力消费凭证电量分配：次月（M+1）25日前，发电企业和售电公司（批发用户）应根据交易中心推送的 M 月发、用两侧结算情况，在浙江电力交易中心平台完成绿证分配工作。

7.3.1.2 绿电聚合商参与绿电交易

聚合新能源发电站：绿电聚合商与新能源企业签订委托代理协议，汇总发电站相关信息，包括发电户号、电站户名、委托交易电量、项目编码等。其中，分布式发电单一户号装机容量不小于 1MW，每个聚合商账号下最多挂 500 个发电户号（以最新政策为准）；分布式发电企业可打捆参与绿电交易；统调新能源及分非统调新能源发电企业暂时不支持打捆交易，需单独注册成为发电企业。

市场主体注册：每月 15 日（M-1 月）之前，发电企业需在浙江电力交易平台完成注册，且在平台完成 M 月交易单元的创建，交易单元信息会推送至北京电力交易中心，如不创建无法参与交易。

批发交易：聚合商根据交易中心每月发布的交易公告，在"e-交易"APP 完成 M 月及 M+1 月的绿电交易，现阶段交易方式为双边协商，双方确认后，订单即生成，无须线下签订合同。

结算聚合电量：交易完成后，交易中心根据绿电用户实际用电量出具聚合商结算依据，聚合商根据发电户号具体上网电量、委托交易电量等条件进行分配，得到最终每个发电户号具体结算电量，即绿电聚合商负责配合电力交易中心完成所聚合电站的绿证电量分配工作。

消费凭证和绿证下发：待绿色电力交易结束后，北京电力交易中心依据绿色电力交易结算结果将绿色消费凭证和绿色电力证书划至电力用户的"e-交易"APP 平台账户。

7.3.2 绿电管理流程

以广州为例简要介绍绿电管理流程（见图 7-1）。

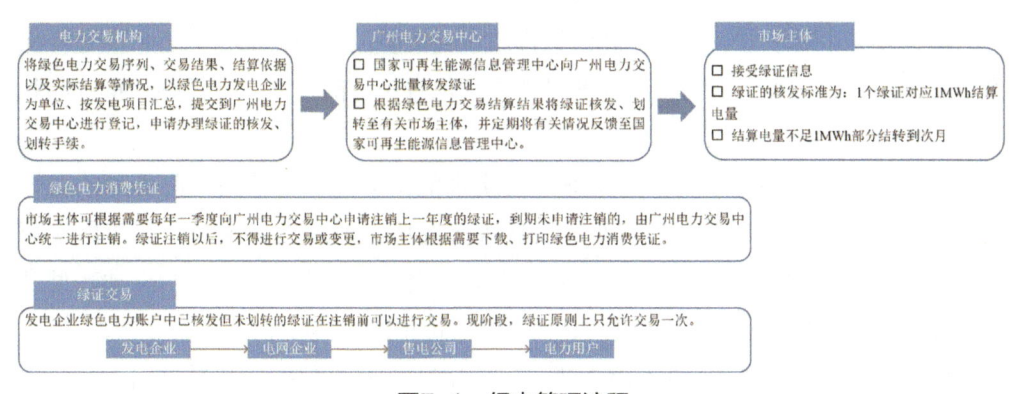

图7-1　绿电管理流程

首先，电力交易机构是专门负责处理绿色电力交易事务的机构。绿色电力发电企业根据交易情况和结算结果，以发电项目为单位，向广州电力交易中心提交交易序列、交易结果、结算依据及实际结算情况等登记信息。这些信息将被汇总和处理。

其次，广州电力交易中心作为核心机构之一，与国家可再生能源信息管理中心合作，承担重要的绿证核发和划转角色。根据绿色电力交易的结算结果，广州电力交易中心进行大规模的绿证核发，并将绿证划转至相关市场主体。同时，该中心定期向国家可再生能源信息管理中心反馈相关情况，确保信息的准确性和监管的有效性。

再次，市场主体是电力交易流程中的关键参与方。作为接收绿证信息的实体，市场主体可以根据自身需求，在每年第一季度向广州电力交易中心申请注销上年度的绿证。未能及时申请注销的绿证将由广州电力交易中心集中注销。注销后的绿证将失去交易和变更的能力。市场主体可根据需要自行下载并打印绿色电力消费凭证，进行相关验证和记录。

最后，绿证交易是在绿证注销前，发电企业绿色电力账户中已核发但尚未划转的绿证可以进行交易。目前，规定绿证原则上只能进行一次交易。一旦绿证划转或进行其他交易，将无法再次交易。

电力绿证交易流程涉及电力交易机构、广州电力交易中心、市场主体与绿证交易等关键环节。该流程是推动绿色电力发展的重要机制，为实现可持续发展目标提供规范和依托。通过严格管理和监管，电力绿证交易将进一步促进绿色电力的生产和消费，助力构建清洁、低碳的能源体系。

7.4 绿电交易需求方

绿电交易中需求方通常具备高污染排放、高能源消耗的特征，近年来随着环保意识不断增强，购买绿电的企业逐渐呈现强环保意识、高度社会责任感、重视品牌形象等特点。

近年来，国内外越来越多的企业努力实现能源清洁低碳转型，购买和消费绿色电力的需求日益迫切。宝马汽车、巴斯夫等跨国企业都提出未来十几年内实现100%绿色电力生产的目标，首钢等国内传统工业企业期待用绿电生产推动转型升级，许多出口型企业也希望用绿电生产提高产品的国际竞争力。

绿电交易有效满足了企业绿色转型的"刚需"，拓宽终端用户减排路径，引导推动全社会形成绿色生产生活方式。开展绿电交易，电力用户通过双边交易方式从新能源企业直接购买绿电，这既满足生产清洁用能的需求，又能获得权威的绿色环境价值认证，实现经济、社会、环境效益的高度统一。

绿电交易将风光等绿色电源从传统电源中分离，单独设计绿电交易品种，通过市场发现价格，依托区块链技术追溯绿电属性，实现绿电的全生命周期管理。对企业用户来说，其可以通过购买绿电提升企业竞争力和企业品牌形象。对新能源企业来说，其可以通过卖出绿电获得额外增值收益，有效回收发电成本。

购买绿电目前主要有以下四类方法。

第一类，购买可再生能源电力证书（GECs）。绿证已经不是一个新鲜事物，它通过市场化的手段，减少了政府补贴的强度，是世界范围内很多国家都在采用的推动可再生能源发展的手段。通常，一个有资质的可再生能源发电场站投运后，发电企业除了可以在市场上出售电力获得收入外，还可以通过销售绿证在每兆瓦·时的电力上得到额外收益。

第二类，与公用事业企业签订绿电供应合同。公用事业企业购买来自化石燃料、核能和可再生能源等的电力，但必须向高度重视环保的客户保证所提供的电力全部来自可再生能源。

第三类，企业自己购买可再生能源发电设备。最有可能的是，在仓库屋顶或附近空地上安装太阳能电池板；但也可能是在一个当地的生物质发电厂，利用这个公司业务中产生的大量废物。安装风电机组当然也是极有可能的。

第四类，企业的购电协议。购电协议分为A类和B类两种类型。A类是专线（Private-wire）交易，企业与可再生能源开发商直接签订合同，在附近兴建风能、太阳能或其他清洁能源发电项目，并通过专用线路将电力输送到企业。更为常见的是，B类的异地购电协议，即企业每年承诺向绿色发电项目购买一定的电量。但实际的电力可能并非来自这些绿色发电项目，相反，购电方是从公用事业级企业按照规定的价格购买电力（包括平衡太阳能或风能发电的间歇性产生的费用），而公用事业级企业再向绿色发电项目购买等量的电力。

绿电交易为用户提供了购买绿电的途径，促进可再生能源消纳责任权重的落实，有效解决企业的绿电电力消费认证问题，为企业在国际上赢得良好名誉提供有效途径。同时，在交易中优先将去补贴后的平价能源纳入交易，建立促进新能源发展的长效机制，有利于引导全社会形成绿色生产生活方式。

7.5 绿电交易案例

7.5.1 某互联网企业参与绿电交易

本次交易用户为中国某头部互联网企业，为积极响应国家号召，提高绿色电力消费水平，发挥示范带动作用，需提升绿色电力消费比例。

国网浙江综合能源服务有限公司为该用户认购 2.33 亿千瓦·时绿电，满足用户一、二季度浙江省所有门店、办公楼及数据中心等建筑的绿电覆盖。

本次交易帮助用电客户获得绿色电力证书，助推完成"双碳"目标，树立企业环保形象，减少标准煤燃烧 7.15 万吨，减排二氧化碳 18.31 万吨。

7.5.2 某光学产品生产商参与绿电交易

本次交易中用户为苹果公司的上游光学零部件生产商，苹果公司对其产业链要求各供应商降低产品碳含量，该生产商如果使用绿电可以获得更大的生产份额。

国网浙江综合能源服务有限公司根据其厂线需求，与宁夏、青海的绿色电力发电企业协商，代理该生产商购买省外绿电，在 2022 年为该用户完成省间绿电交易 2734.2 万千瓦·时。

本次交易实现了电力资源的优化配置，凸显了绿电的环境价值属性，满足了更多沿海发达城市企业从源头购买绿电的诉求，引导全社会主动消费绿电，减少标准煤燃烧 8393 吨，减排二氧化碳 2.15 万吨。

7.5.3 浙江某电力集团 A 参与绿电交易

本次交易中，浙江某电力集团 A 投资的分布式光伏项目，采用"自发自用、余电上网"模式，年上网电量约为 1000 兆瓦·时，平价上网电价为 415.3 元每兆瓦·时。由于其光伏单个装机规模小、上网电量难以预测等客观因素，其参与市场化交易难度较大。

国网浙江综合能源服务有限公司作为聚合商，充分发挥自身平台优势，通过聚合分布式电源参与绿电交易的方式，将该集团的分布式新能源打包为一个整体参与绿电交易中。代理价格为 470 元每兆瓦·时。

在本次交易中，国网浙江综合能源服务有限公司作为聚合商将发电主体与用户连接起来，解决了上下游供需问题，为该集团增收 54700 元。

能效诊断服务平台 8

8.1 能效诊断服务平台简介

能效诊断服务平台是公司"供电＋能效服务"体系的支撑平台，面向公共能效诊断业务，基于省级智慧能源服务平台建设和部署，通过绿色国网提供对外服务入口。建设包括能效诊断 Web 端和移动端。其中，Web 端服务平台主要是向省、市公司管理人员及业务支撑单位提供服务，移动端主要为前端客户经理和企业客户提供服务。

8.2 能效诊断服务平台功能介绍

能效诊断服务平台从功能定位角度主要提供面向电网公司内部的业务管理功能、面向能效诊断业务的现场赋能功能和助力企业与政府的服务产品功能。

8.2.1 业务管理功能

业务管理功能对应管理流程进行设计，省级智慧能源服务平台对业务管理提供算力支撑，通过绿色国网 Web 端实现指标分解、进度管理、报告管理、案例管理、供应商管理、能效档案管理、能效诊断模板设置和考核评价的具体功能设计需求。

8.2.1.1 指标分解

指标分解包括企业储备库管理、诊断任务下达和诊断任务分配功能，用于上级单位根据相关属性为下级单位分配诊断指标，如省公司为地市公司分配指标、地市公司为区县公司分配指标，具体如下所述。

企业储备库管理：根据企业年用电量、行业类型等约束条件筛选营销 2.0、数据中台中的企业档案数据，生成企业储备库，提供按照用电类别、所属单位、电压等级等不同维度的查询和调用。企业储备库列表页面如图 8-1 所示。

诊断任务下达：省公司根据业务情况，分派任务至地市公司，包括诊断企业数量、企业类型、所属行业、用电量等。

诊断任务分配：地市公司根据业务情况，分配任务至区县公司，包括诊断企业数量、企业类型、所属行业、用电量等。

8 能效诊断服务平台

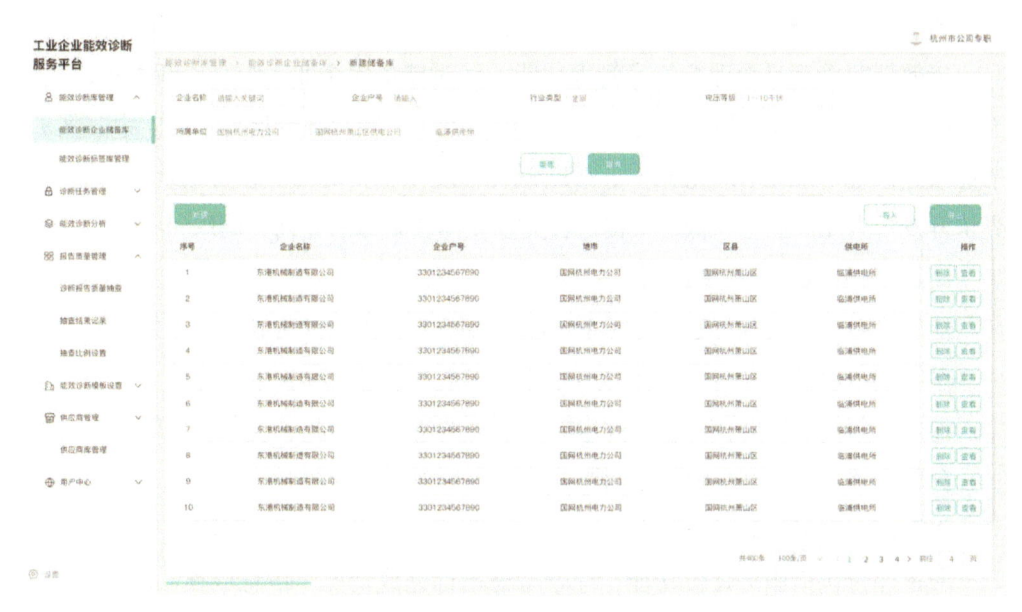

图8-1 能效诊断储备库页面展示

8.2.1.2 进度管理

任务进度管理包括任务完成情况和统计报表功能，具体如下所述。

任务完成情况：自动统计各单位完成诊断企业数、完成进度及抽查企业数、抽查合格情况等。

统计报表：各地市、区县公司完成企业诊断数量及任务完成率统计。

8.2.1.3 报告管理

报告管理包括报告质量抽查和结果记录与反馈功能，具体如下所述。

报告质量抽查：系统提供报告抽查功能，随机抽查完成后的诊断报告，内容、数据质量、建议措施、现场诊断地理位置和企业地址匹配情况等。

结果记录与反馈：对报告质量进行抽查，并记录相关意见。

8.2.1.4 案例管理

案例管理是能效案例库管理功能，针对能效服务转化的能效案例及外部优质能效提升项目案例，设计案例添加、案例画像、案例资料管理等功能。

8.2.1.5 供应商管理

供应商管理是供应商库管理功能，依托绿色国网认证通过的供应商，将相关信息推送给省智慧能源服务平台，对供应商主营业务方向、地区等进行画像，便于企业客户根据需求筛选。

8.2.1.6 能效档案管理

能效档案管理是企业标签库管理功能。针对储备库企业，结合诊断过程，赋予五类标签及画像：能效服务优先级（高、中、低）、能效提升潜力（高、中、低）、节能改造意愿（愿意、不愿意）、诊断配合程度（十分配合、较为配合、抵触）、光伏开发潜力（高、中、低），提供各类企业标签画像的查询和调用。

8.2.1.7 能效诊断模块设置

能效诊断模板设置是通用能源系统能效诊断个性化配置功能，具体如下所述。

系统基本信息配置：可新增通用能源系统基本信息名称、单位等。

能效诊断模板设置：可新增通用能源系统调研问卷问题、问题选项等功能。

分数设置：可分别设置每个问题分值及各选项对应分数。

8.2.1.8 考核评价

考核评价包括服务评价功能，综合考虑指标完成情况、信息核查、用户评价等因素，设置评价指标，对相关单位进行考核评价。

8.2.2 现场赋能功能

现场赋能功能通过移动端实现，包括工作计划制定、现场能效诊断、能效服务工具、在线留言答复、能效智能问答、能效服务跟踪等功能。能效诊断移动端首页如图 8-2 所示。

图8-2 能效诊断移动应用页面效果

8.2.2.1 面向客户经理

工作计划制定：客户经理可按照用电类别、所属单位、电压等级等不同维度的查询和调用所属区县的诊断企业对象，并根据时间制定诊断计划。

现场能效诊断：根据能效诊断业务流程，现场收集企业信息数据，具体包括以下内容。

• 企业基本信息与能源管理信息收集：完成企业基本信息和能源管理信息收集，包括企业基本情况、能源计量、技改情况及能源管理等信息，其中公司名称、户号、立户时间、行业类型、企业地址、联系人、上年度外购电数据来自电力营销系统等。

• 企业用能信息收集：完成企业近一年各类品种能源的用量、工业总产值、工业增加值数据、用电数据、余能资源及清洁能源利用信息收集等。

• 通用能源系统信息收集：根据企业客户选择的通用能源系统，完成平台的问卷填写，包括配电系统、泵机系统、风机系统和空压机系统四个通用能源系统，根据企业自身情况，选择其具有的用能系统开展诊断，系统通过能效计算模型进行计算诊断，得到诊断结果，包括得分、能效等级等。

• 信息收集自校核功能：客户经理现场录入企业数据的过程中，移动端每一步的诊断流程，系统都会按照预设阈值、计算校核逻辑自动排查错误填报信息，保证现场能效诊断质量。

能效服务工具：为客户经理现场诊断提供辅助支撑，包括淘汰机电设备查询、电机能效等级查询、产品单耗限额查询、空压机能效等级查询等。

企业标签库管理：是指客户经理所属区县的历史诊断企业标签库，提供各类企业标签画像的查询和调用。

能效服务回访：满足客户经理定期开展能效服务成效信息收集的需求。

历史诊断记录：提供已完成企业能效诊断的历史记录查询功能。

现场报告解读：客户经理现场完成数据录入提交后，系统自动生成初版报告，客户经理可将初版报告给企业客户预览并进行解读，解读完成后企业客户签字确认。

8.2.2.2 面向企业客户

报告及案例推送：诊断报告审核通过后，通过绿色国网直接推送给企业客户，企业客户可在绿色国网上查看诊断报告和自动推荐的能效案例。能效诊断报告页面效果如图 8-3 所示。

满意度评价：企业客户收到推送的正式版报告后，可登录查看并对客户经理的诊断服务进行评价，并对本次服务工作提出建议。

能效智能问答：企业客户可在线咨询能效服务的相关问题，系统根据咨询关键字信息自动答复；企业客户也可在线留言，后续由市、县公司管理人员等负责在线留言答复。

图8-3　能效诊断报告效果

8.2.2.3 面向市县专职

诊断报告审核：诊断报告生产后，市、县公司管理人员专职审核报告，审核未通过的，退回客户经理，客户经理依据审核意见重新完善补充数据信息。

在线留言答复：市、县公司管理人员专职在线留言答复，解答客户提出的疑问。

8.2.3 服务产品功能

8.2.3.1 面向企业客户

能效诊断报告：为企业客户提供专属的能效诊断报告，分别从能源管理水平、节能改造措施、用电能效水平、通用能源系统能效、能源资源利用水平五个维度进行评价，并针对每个维度进行解读分析并提供优化建议。

典型案例推荐：基于能效诊断报告结果，针对性地为企业客户推荐能效案例，推动企业客户提升能效水平。

8.2.3.2 面向政府部门

能效五色地图：首页展示全省各市、区县在用电能效水平、能源资源利用、通用能源系统能效、能源管理水平、节能改造措施五个方面的等级分布情况，如图8-4所示。

图8-4 能效五色地图页面展示

能效诊断指标看板：实现能效诊断指标分析和展示，包括诊断企业能耗总量、诊断企业总数量、诊断设备总数量、覆盖行业数及企业配合度占比、企业节能改造措施情况等，如图 8-5 所示。

分行业诊断分析：能效诊断企业各行业数量占比、行业能效水平分析、诊断企业行业分布等。

分设备诊断分析：能效诊断通用能源系统类型统计及占比分析，通用能源系统能效水平分析等。同时，展示通用能源系统中淘汰设备数量、淘汰设备类型占比。

图8-5　能效指标看板页面展示

8.3 能效诊断流程介绍

能效诊断服务流程分管理流程和服务流程两个部分。管理流程包括指标分解、进度管理、信息复核、考核评价等节点；服务流程包括工作计划制定、现场诊断、报告解读及客户反馈等节点，具体如图8-6所示。

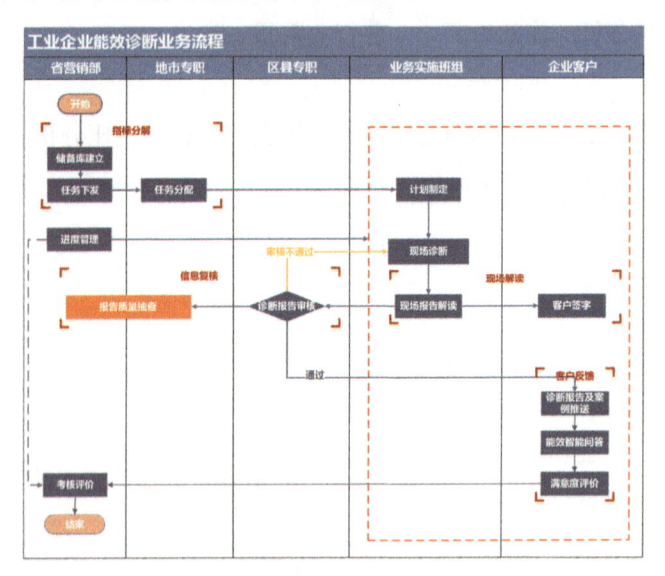

图8-6　业务流程

8.3.1 管理流程

8.3.1.1 指标分解

储备库建立：基于电力营销系统，根据年度工作要求，结合企业年用电量、行业等条件筛选，建立企业储备库。

任务下发：省公司营销部向各市公司下达诊断任务。

任务分配：市公司营销专职将任务分解至各区县公司。

8.3.1.2 进度管理

省营销部通过任务完成情况和统计报表功能定期查看市公司能效诊断任务完成情况，并通过通报、督促、考核等方式管控任务进度。

8.3.1.3 信息复核

诊断报告审核：区县专职对于客户经理现场诊断生成的初版报告进行审核。若对录入数据存疑时，可将报告驳回至客户经理，客户经理进行完善和核证后可重新提交报告审核。

报告质量抽查：省营销部安排技术支撑团队人员对于市公司完成的诊断报告进行质量抽查并反馈抽查评分及意见；市公司安排地市业务支撑中心人员对区县公司诊断报告进行质量抽查并反馈抽查评分及记录意见。报告抽查比例也可个性化设置。

8.3.1.4 考核评价

省公司营销部综合考虑指标完成情况、信息核查、用户评价等因素，设置评价指标，对相关单位进行考核评价。

8.3.2 服务流程

8.3.2.1 计划制定

客户经理登录绿色国网，可从地区、行业类型、电压等级三个维度在属地企业储备库中筛选计划开展的对象，提前联系客户，告知客户诊断主要内容，约定现场能效服务时间，提示客户方需要协调相关专业的人员到场对接。

8.3.2.2 现场诊断

客户经理按照约定时间赴企业开展能效服务，现场通过问询和查看完成数据补录。

8.3.2.3 现场解读

客户经理完成数据补录并点击"生成报告"，系统自动生成初版报告。客户经理现场将初版报告交给企业管理人员预览，并对报告进行解读，同时告知客户后续通过绿色国网推送正式报告及推荐能效案例。企业客户对此次诊断结果确认无误后现场签字。

8.3.2.4 客户反馈

诊断报告及案例推送：报告审核后，最终版报告及能效案例会经绿色国网推送给企业客户，企业客户可登录查看。

能效智能问答：企业客户查看推送的诊断报告和推荐能效案例后，可通过"能效智能问答"在线咨询能效服务相关问题，系统根据咨询关键字信息自动答复；企业客户也可在线留言，后续由地市公司业务支撑人员负责在线留言答复。

满意度评价：企业客户收到推送的正式版报告后，可登录查看并对客户经理诊断服务进行评价，并对本次服务工作提出建议。